KB149455

목표달성을 위한 **목표관리실무**

카나쯔 켄지

코페경영연구소

코페하우스

목표달성을 위한 **목표관리실무**

머리말

이 책은 기업과 단체 등에서 목표달성을 위하여 목표관리의 도입한 기업 등에서 성공적인 목표달성을 위하여 목표관리를 진행할 때 필요한 실무사항을 중심으로 다음과 같이 저술하였다.

첫째, 「목표관리의 성공요소」에 대하여 설명하였다. 기업에서 목표달성을 위한 목표관리의 쓰임새와 이를 위한 목표관리의 성공을 위한 요소와 목표달성기준 3가지 방법, 목표를 명확히 설정할 수 있도록 체크리스트를 제시하였다. 또한, 조직목표와 경영목표에 대한 관리자의 역할과 목표계획서 기재 방법을 설명하였다.

둘째, 「직원의 특성에 따른 목표설정 방법」을 설명하였다. 추상적인 계획을 구체적으로 기술하는 법, 장기목표와 단기목표를 설정하는 법, 도전적인 목표를 설정하는 법 등을 기술하였다.

셋째, 「업무와 조직에 적용하는 목표설정 방법」을 설명하였다. 일반분야와 전문분야 직원의 목표설정 방법, 달성기준이 없는 분야의 목표설정 방법, 조직목표와 개인목표를 설정하는 방법 등을 설명하였다.

넷째, 「목표달성을 위한 효율적인 목표관리업무」에 대하여 설명하였다. 직원에게 위임하는 목표관리의 업무 수준, 목표달성이 어려운 직원의 지도사항 등을 설명하였다.

다섯째, 「평가결과를 이해시키는 평가관리 요령」을 설명하였다. 평가를 납득하지 못하는 직원을 지도하는 법, 평가결과가 보상과 어떻게 연계되는 지, 평가결과의 공개할 때 주의사항, 인사이동과 연계된 겨우 등에 대하여 설명하였다.

여섯째, 「상황별 목표관리의 전개방법」에 대하여 설명하였다. 업무가 많은 조직에서, 인원이 많은 조직에서, 교대 근무자가 많은 조직에서, 외근자가 많은 조직에서, 신설부문의 조직 등에서 목표관리를 전개하는 방법에 대하여 설명하였다.

목표관리를 전개하는 과정에서 회사는 목표관리 관리자에게 항상 목표를 초과하는 실적을 요구한다. 하물며 목표에 미달하는 실적은 관리자의 능력을 평가절하하기도 한다. 또한, 조직의 구성원은 개개인의 보상과 연계된 목표관리에 대하여 계획에 없는 지원을 요청하기도 한다.

그러므로 목표관리의 관리자는 목표관리의 전개에서 중심이자 경영목표의 최전선이자 조직목표와 사원목표의 설계자이자 실행자로 기업의 목표관리 전개의 핵심축이 되는 구심점이다.

이 책은 기업 등에서 목표달성을 위하여 목표관리의 전개하는 현장의 관리자와 실무자에게 필요한 내용으로 저술하였다. 목표관리 업무를 수행하는 모든 사람에게 도움이 되기를 바란다.

저자 씀

차 례

PART	3	업무와 조직에 따른 목표설정

PART	4	목표달성을 위한 효율적인 관리업무

PART 5 평가결과를 이해시키는 평가관리 요령

PART 6 어려운 조직환경에서의 목표관리 전개

PART 1
성공하는 목표관리의 핵심요소

Goal

기업은 왜 목표관리를 도입할까?

목표관리는 기업의 경영시스템에서 커다란 위치를 차지하고 있다. 그렇다면 기업은 왜? 목표관리를 도입하는 것일까? 목표관리는 각 시대의 필요에 따라 기업경영에 도입되어왔다.

목표관리를 도입하는 이유와 적용에는 두 가지가 있다.

첫 번째는 설정된 목표를 임금이나 상여금 등의 처우에 반영하는 「인사고과시스템」의 측면이다.

- 업적연봉의 도입
- 인사고과의 평가

목표관리가 폭넓게 도입되고 있는데 연봉제 등과 연계하는 「인사제도 연동형」이 주를 이루고 있다.

두 번째는 기업과 사원의 성장과 발전을 지향하는 「경영관리시스템」의 측면이다.

- 경영목표의 관리
- 핵심성과의 관리

최근의 기업경영에서 핵심성과지표(KPI: 목표를 성공적으로 달성하기 위해 핵심적으로 관리해야 하는 요소들에 대한 성과지표를 말한다)가 확대됨에 따라 목표관리의 중요성은 더욱 커졌다. 목표관리는 회사의 중점목표를 달성하는 것뿐만 아니라 사원의 존재가치, 자신의 실적을 인정받기 위하여 목표관리라는 것은 없어서는 안 될 중요한 의미가 있게 된 것이다.

목표관리 도입의 시대별 유형 변화

목표관리는 1950년대 중반에 기업에 도입되어 시대의 요청에 따라 변화하였다. 현재의 기업에서 핵심성과지표(Key Performance Indicator) 도입까지 목표관리의 도입과 적용 및 연계는 시대에 따라 다음과 같이 변화하고 있다.

업적향상형

1950년대 후반 불황극복을 계기로 도입된 적도 있으며, 기업은 목표관리에 대하여 '업적을 어떻게든 향상해야 한다'라는 염원을 담고 있었다. 당시에는 스미토모금속광산 등 활황을 보이던 업계의 총수가 도입하였다. 이러한 유형을 「업적향상형」이라 한다.

능력개발형

고도성장기에 접어들자 기업은 사업확장과 함께 조직을 확대해 왔으며, 그 조직에 맞는 인재를 육성, 강화하기 위하여 목표관리를 도입하게 된 것이다. 이것을 「능력개발형」이라 한다.

인사제도연동과 개인존중형

1990년대에 접어들면서 '제2의 신입 졸업'이라는 말이 생긴 것처럼 취업자가 유리한 취직 전선에서 인사담당자는 고심하게 되었다. 그 속에서 좋은 인재를 확보하기 위하여, 기업은 '개인존중'을 표명하고 '나이, 학력, 성별 차이가 아니라 실력·능력의 차이에 따른 대우'의 실현을 향하여 목표관리를 도입하고 인사제도와 연결하기 시작하였다. 이것을 「인사제도연동과 개인존중형」이라 한다.

업적평가연동형

거품경제의 붕괴 후, 경기는 한순간에 저하되어 불황기에 접어들었다. 기업은 고정비용삭감과 고정비용의 변동 비용화를 위하여 실력주의·능력주의를 철저히 함과 동시에 일부 연봉제와 혼합하면서 목표관리를 도입하였다.

이것을 인사제도와의 연계라고도 말할 수 있겠지만 개인존중의 측면에서도 변화가 있었으므로 「업적평가 연동형」이라 한다.

목표관리의 가치평가가 변화해 온 것처럼 그 근본이 되는 경영의 방법에서도 커다란 변화가 있었다. 이렇게 하여 목표관리는 직장인에게 있어서 매우 중요한 의미가 있게 되었다.

핵심성과지표(Key Performance Indicator)형

KPI는 목표를 성공적으로 달성하기 위해 핵심적으로 관리해야 하는 요소들에 대한 성과지표를 말한다.

미래성과에 영향을 주는 여러 핵심자료를 묶은 성과평가의 기준이다. 성과 측정의 대상으로 과정이 중요한 이유는 과정을 관리함으로써 단기목표를 달성할 수 있을 뿐 아니라 중장기적인 목표도 도달할 수 있기 때문이다.

KPI를 도출하고, 활용하는 궁극적인 목적은 구성원들을 기업이 원하는 방향으로 동기를 부여하는 데 있다.

목표관리의 성공을 위한 3가지 핵심요소

사원은 자사의 목표관리를 충분히 이해하고 바람직한 목표를 설정하고 전개할 수 있도록 해야 한다. 그러기 위해서는 3가지 핵심요소「기준」,「능력」,「적용의 고안·노하우」가 필요하다.

첫째,「기준」은 자사의 목표관리를 진행하게 하는 바람직한 사고방식과 행동 양식이다. 이것은 회사의 입문서에 명기되어 있다. 예를 들면 '면접은 언제 한다든가, 시간을 얼마나 들일 것인가, 매시간에 걸쳐서 3가지의 목표를 설정한다' 등의 기준이 있다.

둘째,「능력」은 목표관리를 진행해 나아감에 있어서 반드시 해야 하는 능력으로써 관리자의 '면접기술' 또는 목표를 설정하기 위한 '분석기술', 직원을 설득하기 위한 '표현기술' 등 여러 가지 능력이 요구된다. 이러한 능력을 연마하기 위하여 기업에서는 목표관리의 도입 연수, 인사고과사원의 훈련 등 각종 필요한 능력을 연마하는 훈련을 준비하고 있다. 또한, 열심인 기업에서는 관리자뿐만 아니라 담당자에게도 목표·계획을 세우는 훈련을 시키고 있다.

셋째,「적용의 고안·노하우」이다. 아무리 훌륭한 매뉴얼을 만들고 세부적인 기준을 명시한다 하여도, 아무리 시간을 투자하여 반복훈련을 한다 하여도, 최종적으로는 한 사람 한 사람의 관리자가 직장의 현황과 직원에 맞추어 기준을 창의적으로 고안하여 훌륭히 목표를 전개하는가에 따라 목표관리의 정착화가 결정된다.

목표관리의 핵심은 적용의 노하우이다

어느 기업에 30명의 직원이 있는 2명의 과장이 있었다.

A 과장은 '이렇게 많은 직원이 있어서는 일일이 면접하기가 불가능하므로 계장에게 직원의 면접을 맡기고 싶다'라고 인사부문(부서)의 책임자에게 신청하였다.

한편, B 과장은 면접 전에 목표계획서를 제출하도록 하여 직접 첨가와 삭제를 하고 전원에게 목표계획서를 점검하도록 한 후에 간신히 직원 전원과 면접을 시행하였다.

'면접은 이미 목표계획서를 첨삭하였기 때문에 서면 점검에서 합의를 이룬 직원은 1인당 10분, 상당한 수정을 해야 하였던 직원도 40분이면 충분하였다. 목표관리의 첫걸음인 면접시간 60분에 구애되지 않고 직원의 인원이 많음에도 불구하고 방법을 고안하면 어떻게든 할 수가 있다'라고 B 과장은 말하고 있었다.

이처럼 관리자가 여러 가지 상황에 따라 어떻게 고안하고 적용하는가가 목표관리의 핵심이 되고 있다. 어떤 관리자라도 목표관리를 진행하면서 같은 고민 하고 있을 것이다.

부문(부서)의 목표설정의 배경을 직원에게 어떤 식으로 이해시키면 좋을까?

타성에 길든 직원에게 어떻게 평가의 내용을 정확히 이해시킬 것인가?

처음으로 관리자가 된 사람이 목표설정의 코멘트에 어떤 말을 넣으면 좋을까? 등 수없이 많을 것이다.

예외적인 문제뿐만이 아니라 기본적으로 남에게 물어볼 수도 없는 고민도 있을 것이다.

예를 들면 '신입사원에게 어떤 목표를 세우도록 할 것인가?'이다.

목표달성 기준은 3가지 방법을 사용한다.

1. 목표달성의 기준을 정하는 방법

목표관리에서 주로 언급되는 것인데, 「평가의 이해성은 설정 단계에서 결정한다」라는 원칙이 있다.

이것은 설정한 목표가 애매할 경우 관리자와 직원의 목표달성 성과에 대한 해석의 중심이 흔들려 평가의 차이가 생긴다는 것이다.

예를 들어 "가능한 최대한으로 수주를 획득한다"라는 성과를 목표로 설정했다면, 10대를 팔든 20대를 팔든 100대를 팔든 1000대를 팔든 관리자의 기준에 따라 달성성과는 커다란 차이가 생기는 것이다.

각 기업의 매뉴얼에 「목표를 명확하게 한다」라는 조건을 붙이는 것은 그 나름대로 의미가 있는 것이다. 누구든지 목표를 명확히 하기 위하여 수치로 표기하고자 한다. 하지만 수치로 표현할 수 없는 목표도 있다. 그래서 '일정표 기준' 이라든가 '상태 기준' 등으로 명확하게 하는 것이다. 즉, 「목표달성 기준은 3가지 방법을 사용한다」라는 적용의 방법이다.

- 수치로 정하는 기준
- 일정으로 정하는 기준
- 상태로 정하는 기준

아울러 필자가 2,000명이 넘는 관리자들의 목표계획서를 첨삭하고, 코멘트한 것을 요약한 내용이 아래의 표이다. 대표적인 것을 소개하겠다.

2. 목표달성 기준은 「지금까지」와 「이제부터」를 명기한다

목표관리의 양식은 회사마다 다양하다. 그중 모델로서 적당한 것은 아래의 표에 나타나 있듯이 달성기준을 「지금까지」와 「이제부터」 두 가지로 나누어 표시하는 것이다.

그 이유는 목표설정 시에 관리자가 양자를 비교함으로써 도전성의 판정이 쉬워지기 때문이다.

또한, 설정하는 직원도 양자를 비교하는 것에 의해 도전성을 의식하고, 안이한 달성기준을 설정하기가 어렵게 되기 때문이다. 서식에 두 개의 항목으로 나누어져 있지 않더라도 의도적으로 「지금까지」와 「이제부터」를 표시하는 것에 의해 그 차이를 명시할 수가 있다. 또한, 도중에 관리자가 이동하여도 양자를 명시해 둠으로써 직원의 목표 설정할 때의 상황을 확인할 수 있는 장점도 기대할 수가 있다.

목표설정을 명확히 하기 위한 체크리스트

목표계획을 수립하기 위하여 목표관리를 전개하는 관리자는 조직의 목표와 구성원의 목표를 설정하여야 한다. 그러므로 구성원의 목표설정에 대한 자료 등을 준비하여 면접하여야 한다.

이때 목표관리 관리자가 필요한 것이 목표설정을 명확히 하기 위한 목표설정의 체크리스트이다. 다음의 목표설정 체크리스트를 참고하여 구성원의 목표달성기준을 설정하여 목표계획서를 기재한다.

〈 구성원의 목표설정 체크리스트 〉

1. 「지금까지」와 「이제부터」의 달성기준을 표현한다
2. 기준은 「수치기준」, 「일정표기준」, 「상태기준」 중에서 어느 하나로 표시한다
3. 능력 수준 표현의 고안
   ~을 할 수 있게 되었다
   ~의 자격취득
   ~의 문의 사항에 대답할 수 있게 되다·하다
   ~의 시험에서 ○○점 이상
   ~의 세미나를 수강하고 보고서로 작성하여 발표
   ~의 통신교육을 수강하고 평균 60점 이상으로 수료하다.
4. 달성기준이 복수일 때 미리 기준의 중요도에 대하여 설명해 둔다
5. 서면으로 작성할 수 없는 경우에는 별지 참조로 한다
6. 기획제안서에 상태를 표시하고 요구되는 자질을 명확히 한다
7. 목표는 하나라도 달성기준은 여러 가지
8. 의식목표는 행동에 대체하는 비용의식의 향상 → 비용의 변동요인을 깨달

고 그것을 자신의 언어로 말할 수 있게 된다

9. 성과와 능력을 나눈다

10. 지원성과와 최종성과를 나눈다(참모 부문)

11. 일상업무의 경우 「개선목표」로 전환한다

12. 직장용어는 명확히 정의하거나 다른 구체적인 기술로 개정한다

13. 목표항목은 방향성을 표시한다

14. 달성기준에 조건을 명시하고 수준을 끌어올린다

15. 수준을 끌어올리기 위해서는 목표달성에 관련자를 포함한다

16. 기한이 특정된 경우에는 구체화

9월 말까지

→9월 25일까지 ○○를 끝낸다

17. 적극적, 전략적 등의 표현은 「빈도」나 「상태」 등 구체적으로 표현

18. 달성기준을 명확히 할 수 없는 경우에는 명확화할 수 있는 기한을 표기, 재차 면접

19. 경영 활동은 구체적으로 「부장, 과장 스스로 ○○을 실시」 등으로 표기

20. ○%는 실제 수치를 기재한다

21. 일정표기준은 달성시책을 전부, 또는 최종시책을 기재

22. 직원 지도·육성 목표는 대상자를 명시

23. 공동목표의 경우 상대방을 명시

24. 수준의 상·하 조절이 가능하도록 달성기준의 선택영역을 작성한다

25. 직원 지도·육성 목표의 달성방법은 관리자의 지도·육성 활동 「동행」, 「세미나 참가」 등을 명시

26. 달성기준란에 쓸 수 없으면 「목표항목」란에 기재한다

달성목표가 복수이면 중요도를 기준으로 한다.

1. 목표설정 단계에서 달성기준을 정한다.

하나의 목표에 대하여 하나 이상의 달성기준을 표기할 때도 있다. 이 경우 양방의 기준을 달성할 수 있다면 문제가 없지만, 한쪽밖에 달성할 수가 없는 경우에는 어느 수준에서 평가할지가 문제가 된다. 달고도 쓴 상황이 바로 이러한 경우이다.

관리자와 직원의 평가 차이를 방지하기 위해서는 목표설정 단계에서 한쪽만 달성했을 경우의 평가기준을 협의해 두는 것이 현명한 조치이다.

양쪽 모두 달성했을 경우는 A, 한쪽의 경우는 B, 전부 실패했을 경우는 C라는 식으로 때에 따라 평가기준을 만드는 것이 현명한 방법이다.

또한, 평가기준을 만들어 착실히 실천해 나간다면 평가단계마다 정리·결정해 두는 것이 좋을 것이다. 이 방법은 번거롭지만, 그만큼 평가순위 수에 구애받지 않고 평가수준을 명확히 하는 것이 가능하다.

2. 목표는 하나라도 달성기준은 다양하다.

설정하는 목표의 항목은 하나일지라도 달성기준은 매우 다양하다. 예를 들어 「업무 효율화」라는 목표에 대한 달성기준은 '요원 감축, 업무 감축, 서류 감축, 인건비 감축' 등이 있을 수 있다. 어느 것을 목표달성의 기준으로 하느냐에 따라서 성과 그 자체도 변할 수 있다.

따라서 목표한 성과를 이루기 위해서는 다양한 달성기준을 마련한 후에 선택하는 것이 중요하다. 「잔업시간의 삭감」을 목표로 내걸고 일찍 귀가하기 운동을 하며 일을 집에까지 가지고 간다면 목표를 달성한다 해도 진정한 효율화는 이규칙 수 없다. 그러나, 「업무량의 감축」을 목표로 내걸고 불필요한 업무를 폐지하거나 회의시간을 반으로 줄인다거나 커피나 음료수 서비스를 셀프시스템으로 전환하며, 자료삭감을 등을 꾀한다면 진정한 효율화에 접근할 수가 있다.

이처럼 같은 효율화라도 커다란 차이가 있는 것이다.

목표관리의 장표를 기재하는 방법

1. 목표관리 장표의 기재 원칙

목표관리를 도입했을 때 반드시 생기는 폐해는 '별도기재에 의한 사무의 증대'이다. 목표계획서의 기술내용에 기초하여 설정·평가해 나아가기 위해서는 모든 내용을 목표관리 장표에 전부 기재하는 것이 원칙이다.

그러나 장표에 기재할 수 없을 때가 있다. 예를 들면 영업담당자는 「예산달성」 등으로 기재할 수가 없다. 「제품별로 ○○만원……」이라고 상세하게 기재하여야 한다. 그런데, 서식 란이 좁아서 모두 기재를 하지 못하고 별도 란에 표시하게 되는 것이다.

이러한 문제를 해결하기 위해서는 목표관리 장표 이외의 자료를 활용하여 「별지 참조」라고 표시해 두는 것이 현명한 방법이다. 서식을 개정하여 서식 란을 넓히는 방법도 있지만, 장표개정(帳票改定)이란 끝이 없는 것이다. 일부러 자사의 목표관리 매뉴얼에 「별지 참조」를 적용규칙으로 정해놓은 전력회사도 있다.

2. 기획제안서에 상태를 명기하고 요구되는 수준을 명확히 한다

경영지원부문의 목표는 「일정표기준」에 의해 명확히 한다는 기술이 있는데, 예를 들어 '○○의 기획 입안을 한다'라는 것이 있다. 그 경우 목표수준을 알맞게 끌어올리기 위해서는 수준을 명확히 하는 것이 중요하다. 수준을 표시하기 위해서는 그 상태를 표기하는 것이 필요한데, '비용을 30% 줄이는 기획제안서를 작성한다'라는 것과 같은 달성기준이다. 단순히 '비용 절감 기획제안서 작성'이라고 해도 수준은 문제가 되지 않겠지만 30%를 명시함으로 인해 내용의 타당성을 판정하기가 더욱 쉬워진다.

목표달성 기준의 조건과 기한을 구체적으로 명시한다.

1. 목표달성 기준에 조건을 명시하고 수준을 끌어올린다

목표달성기준을 명확히 하기 위해서는 조건을 명시하는 것이 좋다.

예를 들어 매출목표가 좀처럼 향상되지 않는 오늘날, 영업에 종사하는 사람들의 처지에서 보면 잘 팔리지 않는 상품의 매출을 신장시키기란 더욱 어렵고, 잘해야 전년도의 실적을 유지하는데 급급한 상황 속에서 목표달성의 수준을 끌어올리기 위해서는 「일정 이상의 이익을 확보한다」 등의 조건을 붙이는 방법이 있다.

2. 기한이 특정되어 있을 경우는 구체적으로 명시한다

컴퓨터 시스템의 도입 등과 같이 기한이 특정되어, 그 특정된 기한 내에 종료하지 않으면 안 되는 것이 있다. 이 경우에는 기한이 중요한 의미가 있으므로 특정의 기일을 명시할 필요가 있다.

예를 들어 「9월 25일까지」, 상황에 따라서는 「9월 25일까지는 컴퓨터 시스템의 테스트 가동을 끝낸다」라는 일정표기준으로 명기하는 것이 매우 중요하다.

3. 일정표 기준은 달성시책의 전부 또는 최종 마무리를 기재한다

연수 등에서 관리자로부터 제기되는 질문에 다음과 같은 것이 있다.

"목표달성기준이 달성계획 란의 실시항목과 중복이 되는데 문제는 없는 것인지?"

본래, 일정표 기준은 언제까지 ○○을 끝낸다는 표시가 되는 것이다. 즉 '달성계획의 어느 부문'까지의 활동은 끝내는 것에 의해 달성된 것으로 된다. 이 때문에 계획 란의 항목과 달성기준이 중복되는 것이다. 따라서 달성계획의 일부 또는 최종 마무리를 끝낸다는 것이 일정표 기준의 의미가 된다.

4. 목표달성 기준은 「○%」라도 실제 수치를 함께 적는다

「달성기준은 수치화하면 명확해진다」라는 목표관리의 정석에는 사실 함정이 있다. 제조부문이 설정하는 '생산성의 향상 ○% 에서 ○% 까지'와 같은 달성기준은 백분율(percent) 기호 %가 아니면 명시가 불가능하다.

그런데 '비용 절감 ○%' 등 같은 경우, 대비하는 모수(母數)에 의해 실제 금액의 수치가 변동하게 된다. 이 때문에 대비하는 모수가 명확하지 않을 때는 실제 금액에 차이가 생겨 평가의 차이가 생기게 되는 것이다.

따라서 실제 수치로 환산이 가능한 것에 대하여는 반드시 실제 수치도 명기하는 것이 중요하다.

목표달성 기준과 보상기준을 구체적으로 명시한다.

조직의 목표달성 기준은 구성원의 목표달성기준에서 나온다. 아울러 조직의 목표달성 기준은 회사의 목표달성기준이 된다.

관리자는 구성원에게 조직의 목표달성 기준을 설명하고 구성원에게 개인의 목표달성 기준을 제시하는 중요한 역할을 한다.

관리자가 구성원의 목표달성기준을 제시할 때 중요한 것은 회사와 조직이 구성원의 목표달성을 위하여 지원하는 시책과 개인이 목표달성을 위하여 어떤 노력을 해야 하는지를 설명하는 것이다.

목표달성 기준과 지원의 구체화

관리자는 구성원 목표, 조직목표, 경영(회사)목표의 달성을 위하여 다음의 사항을 목표계획서에 명시하고, 구성원에게 목표달성 기준을 설명하고 동기를 부여해야 한다.

- 개인, 조직, 회사의 목표달성기준
- 개인, 조직, 회사의 목표달성을 위한 방향성
- 목표달성을 위한 조직과 회사의 지원시책
- 목표달성을 위한 구성원의 역량

목표달성에 대한 보상의 구체화

관리자는 조직과 구성원 목표의 성과지표를 명확히 하고 공헌 정도에 따라 보상해야 한다. 이는 결과에 대한 평가지표와 보상의 기준을 구체화하는 것이다.

그러기 위해서는 객관적이고 공정한 성과지표를 평가 기준으로 보상을 규정화하여 사전에 구성원에게 제시하여야 한다. 사전에 제시하는 목표달성에 대한 평가 기준에 의한 보상은 구성원들의 동기부여에 큰 영향을 미친다. 평가 기준이 공정하지 못하거나 현실에 맞지 않거나, 사후에 제시하는 평가 기준에 의한 보상은 구성원들의 동기부여에 큰 역할을 하지 못한다.

동기를 부여하는 목표달성에 대한 보상기준을 제시한 지급규정으로는 다음과 같은 규정이 있다.

- 성과급(업적급) 지급규정
- 판매수당(생산수당, 영업수당) 지급규정
- 연구개발수당 지급규정
- 특별상여금 지급규정

PART 2
직원의 특성에 따른 목표설정

Question

관리자가 직장에서 목표를 진행해 나아갈 때, 수없이 같은 문제에 부딪히게 된다. '목표를 직원에게 강압하지 않도록 하기 위해서는 어떻게 하면 좋을 것인가?, 목표달성계획이 추상적일 때 어떻게 구체화할 것인가?, 의욕을 잃은 직원에게 동기를 부여하기 위해서는 어떻게 하면 좋을 것인가?' 등 장애는 수없이 많이 있다.

　이러한 문제들을 해소하는 것이 직원에게 바람직한 목표를 설정하도록 하는 데 없어서는 안 될 사항이다. 그러기 위해서는 설정의 핵심을 정해둘 필요가 있다.

　예를 들어 직원에게 자신의 목표에 도전하는 것에 대한 이점을 '능력향상', '처우 향상, 자극과 기회의 창조, 존재가치의 향상' 등 4가지 착안점에서 설명함으로써 목표를 당사자에게 이해시킬 수가 있다.

추상적인 계획을 구체적으로 기술하기 위해서는?

현재 문제점 ···?

목표설정에는 적어도 「목표항목(무엇을)」과 「달성기준(어느 정도)」을 정하게 된다. 달성계획은 기업에 따라 다르다. 자기통제를 원칙으로 하는 기업이 있는 한편, 계획내용까지 관리자가 지도하는 곳도 있다.

대응은 각자가 다양할지라도 달성계획을 구체화하지 못하면 의미가 없다.

- '과장님! 나의 목표는 도전성이 강하고 해보지 않으면 알 수가 없습니다. 계획도 구체화할 수가 없습니다.'
- '나는 경험이 부족하므로 이 목표를 달성할 계획은 만들 수가 없습니다.'

이렇게 되면 목표달성도 막연해진다. 추상적인 목표계획을 구체화하기 위해서는 직원을 어떻게 지도해야 할 것인가?

지도 포인트 ····································

복잡한 이유에 대하여 다면적인 방법을 취한다.

직원이 계획을 구체화하지 못하는 이유는 하나가 아니다. 여러 가지 이유를 생각할 수가 있다. 계획을 구체화하는 기술만을 가르친다고 해서 내일부터 당장 계획이 구체화하는 것은 아니다.

또한, 구체화하기 위한 기술만 예로 들어도 한가지가 아니다. 「분석하는 기술, 계획을 세우는 기술, 순서화하는 기술, 소요시간을 예측하는 기술」 등이 있다.

신규사원 연수에서 가르치는 「계획의 기법 5W2H」 만으로는 목표달성계획을 구체화할 수가 없다. 복잡한 이유에 대해서는 다면적인 방법을 취할 필요가 있다.

실천 포인트 ∙∙ ♣

1. 계획수립의 방법·기법을 사례를 들어 이해시킨다

직원이 계획을 구체화하지 못하는 이유의 하나는 '계획을 구체화하기 위한 기술이 부족하다'라는 것이다. 그 경우에는 '5W2H' 등 계획 구체화의 착안점을 제시하고 계획의 구체적인 예를 소개하며 효과적으로 지도한다. 예를 들어 「○○에 관한 문제(대상)를 열거 분석(방법)하고 3월 10일(기한)까지 대책안을 입안한다」라는 방식이다.

2. 도전하는 목표의 현재 문제점을 파악한다

상사로부터의 "당신의 업무를 사무자동화하길 바란다"라는 요청에 따라 직원이 목표를 세울 때 업무의 실태를 상세히 파악하지 못한 상태에서 목표를 세우게 되는 경우가 있는데, 그렇게 되면 구체적인 계획을 세울 수가 없게 된다.

이럴 때는 일단 업무를 분석하는 항목을 계획의 초기에 채택하는 것이 바람직하다. 분석의 결과, 분명해진 원인을 알고 대책을 판단하게 되는 것이다.

단, 분석은 미리 '무엇을 분석할 것인가'를 명확히 해둘 필요가 있다.

3. 목표에 불만이 있는 직원에게 목표에 도전하는 가치를 이해시킨다

목표 자체를 상사로부터 강요받아 할 수 없이 받아들인 경우, 직원은 긍정적인 마음을 가질 수가 없으며 계획을 구체화하기를 포기해 버린다.

구체화할 수 없는 것이 아니라 구체화하고 싶지 않다. 일하고 싶지 않다'라는 것이다. 이러면 목표에 도전하는 가치로써 아래의 4가지 관점에서 이해시킬 필요가 있다.

① 본인의 능력향상 : 여기에 도전하면 자신의 능력이 향상된다.
② 처우 향상 : 목표를 달성하는 날에는 처우에 플러스가 된다.
③ 자극과 기회의 창조 : 목표에 도전하는 자체가 절호의 기회이다.
④ 존재가치의 향상 : 목표달성 활동을 통해 관계자들에게 인정을 받는다.

이처럼 정리하여 지적하고 목표가 본인에게 가치 있는 것이라는 사실을 이해시키는 것이 관리자에게 요구된다. 목표의 의미를 부여하는 것에 대하여는 이하를 참고하기 바란다.

☑ 본인의 능력향상에 도움이 된다는 것을 이해시킨다

목표에는 '노력하면 달성할 수 있는 것'이라는 조건이 있다. 아무것도 하지 않아도 달성할 수 있는 목표는 바람직한 것이 아니다. 쉽게 달성하려고 하면 언제나처럼 마찬가지로 임할 수 있는 낮은 목표를 설정해 두면 그만인 것이다. '작년과 같은 능력을 유지하였다'라고 해도, 세상이 발전하고 있다는 사실을 고려하면 '능력이 정체하였거나 저하된 것이다'.

어느 기업이든지 '사원의 성장·발전'을 목표관리의 목적으로 하고 있다. 그만큼 목표에 도전하는 것이 직원 자신의 능력을 향상하게 시킨다는 사실을 이해시키는 것이 필요하다. "C사원, 1억 매출달성의 목표에 도전하는 것의 의미는 그것을 통해서 자신의 제안능력이 향상될 수 있다는 것이다.

왜냐하면, 매출향상을 꽤 많이 하는 신제품이 고객에게 인정받기 위해서는 고객이 이해할 수 있는 말로 신제품의 특징을 전하고, 고객의 필요에 따른 장점을 전달할 필요가 있다. 때문에……"라는 식으로 본인에게 이해시켜 가는 것이다. 구체적으로는 면접 시 또는 모임 시간에 설명하는 것이 바람직하다.

☑ 처우 향상으로 이어진다는 것을 이해시킨다

목표관리를 인사고과와 연계해 설정한 목표와 달성한 결과를 처우에 반영시키는 기업이 늘어나고 있다. 처우에 반영하는 방법은 여러 가지가 있다. '상여, 승진, 승격 등에 반영한다, 교육, 인사이동에 반영한다, 상벌에 반영한다' 등이 있다. 그 내용도 다양하여, 목표의 설정기준·달성도를 100% 처우에 반영하는 기업도 있지만, 참고 정도에서 그치는 곳도 있다. '이 목표를 달성하면 평가는 어떻게 될 것인가, 보너스는? 승진은?' 등 직원은 민감한 관심이 있을 것이다.

한편, 관리자는 과거의 인사 정보를 바탕으로 '이 목표를 달성하면 승격도 가까워진다'라는 일정의 확신을 가질 수 있는 예도 있다. 그 경우에는 관리자가 "이 목표에 전념하면 승격에 일보 전진한다" 정도의 처우상의 장점을 직원에게 언급하는 것도 중요하다. 목표를 위해 땀 흘리는 보람도 증가하는 것이다.

✓ 자극과 기회의 창조로 이어진다는 것을 이해시킨다

개발부문과 같이 목표 대부분이 '새로운 것을 생산하는 창조적인 것'인 경우는 직원의 동기의식도 강하고 목표를 직원에게 이해시키는 것도 그다지 어렵지 않다. 그러나 제조공정이 자동화된 공장이나 경리부문과 같이 정해진 업무 기준에 기초하여 정형적인 일을 진행하는 직장의 경우에는 도전적인 목표는 좀처럼 찾아볼 수 없는 것이 현실이다. 그러한 직장에서는 능력향상을 목표로 하거나 능력의 다양화를 목표로 하고 자기 나름대로 수준을 높임으로써 정체화를 방지한다.

어쨌든, 매일같이 단조로운 일로 정체화되어있는 직원의 처지에서 보면 이러한 기회는 두 번 다시 없는 좋은 기회이다. 따라서 그 가치를 직원 본인에게 이해시키는 것이 중요한 것이다.

"D 군에게 있어서 이 목표는 회사 전체적인 시야에서 과제에 임하는 다시 없는 기회다. 자신을 위해서도 열심히 해보도록."
라고 상사에게 들으면 직원도 진심으로 임할 것이다.

✓ 존재가치의 향상으로 이어진다는 것을 이해시킨다

직원이 설정하는 목표 대부분은 자신이 주체가 되어 자기 완결적으로 진행되는 것으로 「담당업무의 효율화, 문제해결 능력의 향상」 등이 많다.

한편으로는 직장 내·외의 구성원과 긴밀하게 진행하는 목표도 있다. 이러한 것들은 공동목표라 불리는 목표로써 설계부문과 영업부문이 연대하여 진행하는 '납기의 단축 화' 등이 있다. 공동목표가 되면 다른 부문과의 조정 등 상당한 노력과 수고가 들어가는 목표가 된다. 그만큼 수준이 높은 목표이다. 반면 아래와 같은 장점도 있다.

① 다른 부문의 구성원과 접할 수가 있다.
② 역동적인 과제에 도전할 수가 있다.

직원이 공동목표의 단점에 눈을 돌리고 있다고 한다면 모처럼의 기회를 부담으로 느껴 "과장님, 일이 어려우니 그만두겠습니다"라고 하게 될 것이다. 관리자는 공동목표의 장점에 직원의 눈을 돌리게 하고 "E 군, 이 목표로 인해 지금까지의 업무에서는 접할 수가 없었던 다른 부문의 구성원들과도 접할 수 있게 되며, 업무 능력을 인정받을 기회도 늘릴 수가 있다. 즉, 자신의 존재가치를 인정받을 수 있는 절호의 기회다. 한번 해보는 것이 어떻겠는가!"라고 의미부여를 실행하는 것이 중요한 것이다.

4. 계획수행을 위해 정보원을 확대하고 아이디어를 찾아내게 한다

계획을 구체화하는 5W2H의 기법을 활용하여도 자동으로 훌륭한 방법과 적합한 타이밍에 계획표에 올릴 수 있는 것은 아니다. 그러한 시점에 적용해 아이디어 자체를 추출하는 것이 중요하다. 예를 들어 인터넷에서 '키워드'검색을 하면 구체적인 방법이 나온다. 일본경제신문의 데이터베이스 서비스에서 참고가 되는 아이디어를 발견할 수도 있다. 구체화의 시점이 있어도, '인터넷에서 ○○을 조사한다' 또는 '○○을 해본다'라는 것과 아이디어를 명확화하여 앞으로 나아가는 것이 중요하다.

직원 육성을 목표로 할 때의 주의점?

현재 문제점 ··?

관리자는 목표달성을 향하여 직원을 이끌어 갈 것이 요구된다. 그런 의미에서 직원의 지도·육성은 관리자에게 요구되는 기본적인 역할이다.

목표관리를 도입하고 있는 대부분 기업에서는 '직원의 지도·육성목표'를 관리자의 의무로 부여하고 있는 기업도 있다. 그런데 막상 설정하려고 하면 생각보다 간단하지만은 않은 듯하다.

필자가 강사를 맡은 관리자 연수에서, 관리자로부터

- "무엇을 근거로 직원에 대한 지도·육성목표를 설정하는 것이 바람직할 것인가?"
- "대상자를 어떻게 관리하는 것이 바람직 한가?"

등의 질문을 받을 때가 있다.

간신히 목표설정을 하여도 관리자들 사이에서 의견 차이가 생긴다. '직원의 능력 수준에 대한 의견 차이', '지도방법의 구체성과 다양성의 의견 차이' 등이다.

이러한 문제들을 해결하기 위해서는 어떻게 하면 좋을 것인가. 또한, 어떠한 직원 지도·육성목표를 설정하면 좋을 것인가?

1. 지도·육성의 성과와 업적성과를 분리한다

목표달성 수준은 어디까지나 「직원이 ○○을 가능하도록 한다」라는 지도·육성 효과가 얻어질 수 있는 상태로 만드는 것이 바람직한 모습이다. 목표관리에서는 이것을 '상태기준'이라고 말한다.

매출 신장 목표의 달성 등 업적을 향상하게 시키는 것은 물론 최종 목적이다. 그러나 능력을 갖추었다고 해서 목표가 달성된다는 보장은 없다. 발매된 신제품에 경쟁력이 없으면 아무리 영업사원이 능력을 발휘하더라도 소비자로부터 호응을 얻지 못하며 목표달성은 곤란하게 될 것이다. 반대로 신제품이 획기적인 것일 경우는 영업사원의 능력과 상관없이 목표가 달성되어 버리는 예도 있을 것이다.

이처럼 업적성과와 능력은 반드시 비례한다고는 말할 수 없다.

지도·육성성과와 업적성과를 분리하는 것이 중요해지고 있다.

2. 대상자를 특정한다

목표로 설정하고 있는 '직원'이, 직원 전원을 말하는가 아니면 특정의 구성원을 말하는가?

대상자를 특정해 두지 않으면 평가단계에서 문제가 생길 수 있다.

어느 기업에서 만났던 부장은 '직원 전원을 과장이 지도·육성 한다'라고 이해하고 있었다. 그러나 실제로 지도를 하는 과장은 입사 3년째의 2명의 직원만을 대상으로 하고 있었다. 상호이해의 차이는 설정 단계에서는 알 수가 없었지만, 평가의 단계에서 평가에 이견이 생김으로써 나타나게 되었다. 이러한 평가의 이견을 막기 위해서는 대상자를 특정 짓는 것이 중요하다.

3. 능력도 특정한다

'업무수행 능력'이라고 하면 어떤 능력을 말하는지 직원도 상사도 알 수가 없다. 때문에 '표현능력', '상품지식' 등 능력을 특정하는 것이 중요하다.

4. 지도·육성 방법도 구체적으로 한다

예를 들어 'OJT'라고 하면 어떤 식으로 지도·육성할지 알 수가 없다.

때문에 '매뉴얼을 기초로 본래의 방법을 설명하여 가르친다'라든가, '직접 동행하여 가르친다' 등 구체적으로 기술하는 것이 바람직하다.

실천 포인트 ♣

1. 자격요건, 업무가 요구하는 능력에서부터 구성원 공통의 목표를 설정한다.

예를 들어 어떤 부문(부서)에 주임에 해당하는 2명의 관리자가 있다고 가정하자. 그 2명에게 공통으로 요구되는 능력은 직능요건에 명기되어 있는데 거기에는 '후배 지도력', '절충능력'이 명기되어 있다. 그것에 기초하여 지도·육성능력을 설정하는 것이다.

회사원 공통의 목표는 업무를 진행하면서 필요로 되는 능력이다. E-mail의 사용능력, 엑셀을 사용할 수 있는 능력 등, 오늘날의 읽고 쓰는 주판과 같은 것이다. 부장, 과장, 신규사원 등 직위, 경험을 막론하고 업무를 진행하기 위하여 없어서는 안 될 능력이다. 그 직장에 소속된 구성원 전원이 할 수 있지 않으면 안 되는 것이다.

부문별로 공통으로 요구되는 능력도 있다. 제조부문에서는 PL법, 영업부문의 경우에는 상품지식이 있다. 상품지식은 영업담당자뿐만 아니라 소비자의 문의에 대답할 수 있도록 사무원도 몸에 익혀야 할 지식이다.

공통능력은 직장의 많은 구성원이 대상이 되기 때문에 집단지도 방법을 취한다. 아울러 직원 지도·육성방법에는 아래의 3가지가 있다.

① OJT : 상사·선배가 업무를 통해 후배를 지도·육성한다.

② OFFJT : 상사·선배가 업무를 떠나서 후배를 지도·육성한다.

③ 자기계발 : 자신의 요구에 따라 자신의 능력을 개발한다.

공통지도·육성능력은 집단을 대상으로 하고 있으므로 학습 모임, 세미나 등의 OFFJT의 방법을 채택하는 경우가 많다. 주안점을 제시하고 계획의 구체적인 예를 소개하며 효과적으로 지도한다.

2. 특정의 직원으로부터는 자격요건이나 본인의 특성에 따라 지도· 육성능력을 발굴한다

특정의 직원에게는 '본인에게 해당하는 자격요건', '본인의 특성'을 고려하여 지도·육성 목표를 설정한다. 당연히 관리자는 직원의 장단점을 파악하여 그것을 지도·육성하는 것이다.

3. 지도·육성계획에는 수단, 방법, 지도자를 명시한다

OJT는 '설명하며 가르친다, 직접보고 익숙하게 한다, 실습시킨다, 분담시킨다, 대행시킨다, 담당시킨다'라는 수준에서 지도·육성 수단·방법을 구체화한다. OFFJT는 'ㅇㅇ세미나에 파견하다, 회계 전문학교에 다니게 한다, 통신교육을 수강시킨다, 마케팅 관련 서적을 읽고 보고서를 제출하도록 한다, 스터

디모임을 실시한다'라는 수준에서 구체화한다.

자기계발은 OFFJT와 거의 같은 수준에서 구체화하면 된다. 또한, '상사 스스로, 계장이, 직원 본인이' 등 실제 지도자가 누구인가를 명시한다.

4. 직원 지도목표의 달성수준은 다양한 패턴으로 표시한다

직원 지도목표의 달성수준은 다양한 패턴으로 나타낼 수가 있으며 한가지 패턴에 한정되어 있지 않다. '통신교육을 수강하여 평균 60점 이상으로 수료하다.', '서적을 읽고 보고서로 정리하여 발표한다', '소비자로부터의 질문에 대답할 수 있게 되었다', '위생관리사 자격증을 취득하였다.', 'TOEIC에서 700점을 받았다' 등 수치기준, 일정표기준, 상태기준을 구사하는 것이다.

달성수준을 다양화하는 것으로 다음과 같은 장점을 얻을 수 있다.

① '시야의 확대' 등 달성수준을 표시하기가 곤란한 경우에 다른 수준의 선택이 가능해진다.

② 달성수준의 난이도 조정이 가능해진다.

지도목표 달성수준 패턴

직원지도목표	지도·육성성과	업적성과
표현력의 향상	한 번의 설명으로 소비자에게 상품의 특징을 이해시킬 수 있게 되다	A 상품의 수주, 매출 ○백만 달성
절충력의 향상	○○업자에게 계약단가의 필요성을 이해시킬 수 있게 되다	계약단가의 5% 인하
독촉력의 향상	당사의 독촉순서에 따라 혼자서도 거래처에 연체채권의 독촉이 가능하게 되었다	외상연체채권 ○백만 회수
문제해결력의 향상	업무상의 문제점을 발견하여 원인과 대책을 혼자서 해결할 수 있게 되었다	업무의 문제를 해결하고, 클레임을 10건 이내로 줄였다.
업무효율력의 향상	업무 효율화의 7가지 관점에서 문제를 지적할 수 있게 되었다	업무를 효율화하고 잔업을 작년보다 100시간 줄였다

의식목표를 행동목표로 전환하기 위해서는?

현재 문제점 ···?

목표의 성과로서 대표적인 것이 비용 절감이다. 조직에서는 생산성의 향상이 끊임없이 요구되고 있기에 관리자는 직원에게 '비용의식의 향상'을 요구하게 된다. 목표계획서를 보면 어느 기업에서도 '비용의식의 향상'이라는 목표는 빠지지 않는다.

그런데 '의식을 향상시킨다'라는 것이 어떠한 상태인가가 애매하여 명확하지가 않다. 단순히 '비용의식을 높여 비용 절감에 이바지한다'라고 기술되어 있는 것이 실상이다. 그렇다면 어떻게 비용의식의 향상을 목표로 하여 명확하게 할 수가 있을 것인가?

지도 포인트 ···

1. 관리자는 직원의 비용의식을 높여 어떠한 것들이 가능한가를 구체화할 수 있도록 한다

관리자가 비용의식에 대하여 '무엇을 어느 정도까지 가능하게 하면 될 것인가'라고 구체적으로 이미지화할 수 없는 것이 많다.

그러므로, '부문 전체 안에서 비용을 20% 절감시키지 않으면 안 되므로 일상업무 안에서 비용 절감을 위한 아이디어를 제출하기 바란다' 또는, '각자가 업무 안에서 서류 간소화를 포함하여 업무개선에 의한 비용을 절감하도록 하기 바란다'라는 식으로 구체화한다.

2. 의식을 직원의 행동으로 전환하고, 실천능력을 파악한다

사람의 의식은 좀처럼 눈에 보이는 것이 아니다. 보이게 하기 위해서는 의식을 행동으로 전환하도록 한다. 행동으로 전환하기 위해서는 '직원이 지금 무엇을 할 수 있으며, 무엇을 할 수 없는지'를 정확히 파악한다. 즉, 직원의 실천능력을 파악하는 것이 우선이다. 직원의 능력을 파악하여 두지 않으면 무리한 수준의 목표를 설정할 우려가 있다.

실천 포인트 ······································ ♣

1. 직원 본인의 실천능력을 명확히 한다

직원 본인의 비용의식에 관한 능력을 관리자가 파악할 필요가 있다. 그러기 위해서는 듣기, 관찰, 각종 자료 분석, 테스트 등을 이용한다. 그러한 것들을 통하여 직원 본인의 실천능력을 명확히 파악하고 부족한 점을 발견하여 그에 대한 지도·육성을 실행하는 것이다.

이처럼 하기 위해서는 현재 어떠한 문제를 포함하고 있는가를 상사·직원 양쪽에서 명확히 파악해야 한다.

2. 직원에게 기대하는 수준을 명확히 한다

관리자는 직원에게 기대하는 바람직한 상태를 명확히 제시한다. 비용의식을 높임으로써 '비용 절감의 개선안을 제출하기 바란다, 비용에 관한 문제점을 지적하기 바란다' 등과 같은 것이다.

3. 수준의 발전단계를 제시한다

비용의식이 어떠한 식으로 향상되어 가는가, 최종적으로 비용 절감을 위한 활동과 어떻게 연관되어 가는가, 그러한 것들을 단계적으로 고찰할 필요가 있다. 이것을 '성과발전단계'라 한다.

예를 들어 최초 출발점은 '비용을 파악할 수 있게 되다'이다. 비용의 파악이 이른 시일에 가능해지면 다음으로 '비용에 관한 문제제시가 가능하게 되다'로 발전한다. 또한, '문제에 대한 대책을 제안할 수 있게 되다'에서 나아가 '대책안을 스스로 실행할 수 있게 되고 비용을 절감하게 되다'로 최종 착지점에 도달한다.

여기서는 어디까지나 의식의 향상에 관한 내용이므로 비용 절감이라는 최종적인 성과는 논외로 하고, 스스로 대책 안을 마련할 수 있는 수준에서 정리해 두는 것이 바람직하다.

Question
04

장기목표를 단기목표에 대입시키기 위해서는?

현재 문제점 ···?

기술개발 부문의 개발목표, 플랜트영업 등의 수주 활동, 참모 부문의 제도 입안 및 시스템 설계, 도입 등은 2~3년의 기간이 걸리는 예도 있다.

목표관리에서는 통상 1년을 단위로 목표의 설정·평가를 진행한다. 그렇다면, 장기적으로 추진하는 목표를 단기목표에 어떤 식으로 대입해야 할 것인가?

지도 포인트 ···

1. 목표 기간은 편리 상의 구분이다

목표의 대표적인 정의는 '일정 기간 내에 달성해야 할 성과'이다. 그 경우 일정 기간이라는 것은 어느 정도의 기간을 의미하는가가 문제가 된다.

대부분 기업에서는 반년 또는 1년 단위를 목표의 설정·평가하는 기준으로 채택하고 있다. 그 때문에 수년간에 걸쳐 목표를 진행해 갈 경우, '1년 안에 완결해야 한다', '1년 안에 처리하여야 한다'라는 관리자의 생각이 부담으로 작용하게 되는 것이다. 그 배경에는 회계연도 안에 목표·방침 또는 예산을 책정하고 1년 단위로 마감하려고 하기 때문이다.

목표를 편리 상 1년간으로 설정하고, 이 기간 내에 달성해야 할 성과로 정의해 두면 장기간에 걸친 목표도 고심하지 않고 설정할 수가 있다. 1년을 단위로 나누어 성과를 실현해나가면 되는 것이다.

실제, 어느 대형 설비회사의 영업부문에서는 장기적인 목표와 단기적인 목표를 연도목표로 설정하고 있는 곳도 있다. 해외 플랜트 안건의 계약에는 4~5년이 걸리기 때문에 '예상되는 거래처의 확보, ○○와 관계설정' 등 계약에 이르는 과정의 단기목표를 1년 단위로 설정하고 있다.

2. 정석대로 성과를 3가지 달성기준에서 취급한다

어느 대형 자동차회사의 관리자로부터 이러한 질문을 받았다. "개발부문의 목표는 배기가스규제의 문제를 해결하기 위해 엔진에 대한 개발에 10년이 걸리는 예도 있습니다. 최종 목표는 배기가스 규제치 ○○을 달성하는 수치목표가 되는데, 중간시점의 연도목표는 ××엔진의 기획안 입안·승인 등 수치화가 불가능합니다. 여기에 문제는 없겠습니까?"

관리자 중에서는 「목표는 수치로 전환하지 않으면 안 된다」라는 것에 집착이 강한 사람이 있다. 특히 위의 예와 같이 개발 등의 기술 관련 부문에서 현저하게 나타난다. 그러나 장기목표를 단기목표로 전환할 때는 통상 1년 안에 매듭이 지어지는 목표와 마찬가지로 3가지 달성기준을 바탕으로 성과를 명확히 하면 된다. 따라서 수치기준에 구애받지 않더라도 일정표기준이나 상태기준으로 나타내면 되는 것이다.

일정표기준이라는 것은 '어떤 일을 기한까지 실시 완료시킨다'라는 것을 말한다. '업무의 표준화'라는 목표가 있을 때 "연도 말까지 ○○ 매뉴얼을 작성 완료시킨다"로 명확히 하면 된다.

상태기준이라는 것은 '기한까지 어떤 일정 상태에 이르게 한다'라는 것을 말한다. "연도 말까지 정보시스템 단말기에서 ○○정보를 검색할 수 있도록 한다"라는 식의 명기가 된다.

실천 포인트 ·· ♣

1. 중간목표의 작성방법

장기목표라는 것은 요컨대 '1년 이상에 걸쳐 달성해 가는 목표'이다. 그러한 장기목표에 대하여 매년 단계를 두고 설정하는 목표를 중간목표라 한다. 별칭 '프로젝트관리'이라고도 한다. 중간목표의 설정은 목표달성 과정을 단계적으로 명확히 하는 것이다.

앞에서 언급한 개발부문의 예에서는 '제품의 설계도를 확정한다', '시제품의 테스트를 완료, 성공시킨다' 등의 진행 과정에 있어서 반드시 거쳐야 할 수준, 핵심을 명확히 하여 연도 단위로 '단계별로 어느 선까지 도달해야 하는가'를 결정하면 되는 것이다.

중간목표를 설정하는 것은 개발부문, 영업부문 만이 아니다. 관리·간접부문에서도 설정할 때도 있다. 인사부문에서는 "재량근무제의 도입 − 재량근무제 도입의 양해를 최고 경영자 및 조합에 성립시키고 20××년 ×월부터 실시할 수 있도록 한다."라는 목표가 설정되어 있다.

그러나 갑자기 도입할 수는 없으므로 타사의 재량근무제가 어떻게 운영되고 있는가를 조사하게 된다.

이렇게 되면 '재량근무제 도입의 가능성 연구 − 타사의 도입 상황을 조사하고, 당사의 도입 조건을 정리한다'라는 목표가 먼저 설정되게 된다.

장기목표와 단기목표는 모종과 수확의 관계에 있다. 영업부문에서의 수확은 '신규개척, 수주, 계약'이다. 그 수확한 열매는 착실히 씨를 뿌려 기르는 것이 '예상 고객 발굴'이 된다. 다음의 표와 같이 프로젝트관리의 견본을 참조하여 진행해 나가기 바란다.

단기목표와 장기목표

기간	패턴	영업	개발	인사
단기	수확	수주, 신규개척	신제품시장 도입	새로운 인사제도의 설계·노입
장기	모종	예상 고객 확보	참가 가능성 연구	재량근무제 도입의 가능성 연구

2. 반년, 1년마다 궤도를 수정한다

장기목표는 계획의 선행도(예상되는 기간의 길고 짧음)가 길기 때문에 계획의 구체성이 조잡해질 뿐 아니라 타당성도 낮아진다. 5년 후의 환경변화를 지금부터 예측한다 해도 어디까지나 예측일 뿐 확정된 것은 아니다. 그 때문에 목표·계획이 수포로 돌아가는 일이 종종 있다.

앞에서 말한 배기가스규제 해결에 대하여 살펴보면, 당초 3년 후의 장기목표로 설정하였다 해도 만약 국가의 법 개정으로 인해 해결해야 할 연수가 앞당겨진다면 장기목표도 수정될 수밖에 없게 된다. 이러한 일이 생길 수 있으므로 장기목표에 대응하는 단기목표를 설정할 경우, 반년 또는 1년 단위로 장기목표 자체를 재평가하고, 그 위에 단기목표를 작성하는 것이 중요하다.

Question 05

코멘트 작성이 서투른데, 극복요령은?

현재 문제점 ·······································?

관리자가 됨으로써 요구되는 것이 직원의 지도·육성이다. 많은 기업이 신임 관리자에게 '직원의 지도방법', '면접방법' 등을 연수 훈련을 통해 가르치고 있다.

목표관리제도를 도입하고 있는 기업에서는 목표설정, 목표달성관리, 평가의 방법도 관리자 훈련을 통해 가르치고 있다. 하지만 목표계획서의 코멘트란에 어떤 내용을 기재해야 하는가를 관리자가 배울 기회는 거의 없다. 매뉴얼에도 "직원을 지원하는 내용을 기재해 주십시오"라고 언급하는 정도이다. 게다가 인사부문(부서)에 문의하는 것은 쑥스러워서 할 수가 없다.

「관리자의 코멘트란 기재」은 의외로 맹점이다. 코멘트 란을 목표설정, 달성관리, 평가로 독립시키고 있는 기업도 있으며, 버려둘 수는 없다. 그렇다면 어떠한 코멘트를 기재해야 할 것인가.

지도 포인트 ·······································

1. 코멘트의 기재는 열거가 아니다

관리자의 처지에서 보면 코멘트의 기재는 번거로운 일이다. 직원이 3~4명이라면 모를까. 10명이 넘어가게 되면 '간단히 정리해 두자', '직원과 면접하

49

여 본인에게 직접 전달하니 일부러 코멘트 란에 기재할 필요는 없다'라고 자신을 이해시키고 싶은 것이 인간의 마음이다.

그러나 코멘트 란에 아무것도 기재하지 않는다면 직원은 이렇게 생각할 것이다. '우리의 관리자는 업무를 게을리하고 있다.', '나 같은 것은 안중에도 없다는 증거다' 등 결코 좋게는 생각하지 않을 것이다. 또한, '역할을 자각하고, 최선을 다하기 바란다'라는 식으로 기재되어 있다면 비록 격려의 말이긴 하지만, 이렇게 추상적인 말로는 '형식상 기재했을 뿐이다'라고 직원에게 인식될 수 있다. 대부분 직원은 자신의 상사에게 구체적인 지도 코멘트를 요구하고 있다.

그러면 면접에서 직원에게 직접 전달하고 있는 것을 전제로 했을 경우, 어떤 사고방식으로 코멘트를 쓰면 좋을 것인가?

2. 직원의 시선을 이끌만한 충고를 한다

결론을 말하자면 '기재한 말은 끊임없이 직원에게 말을 거는 언어의 혼령'과 같은 것이다. 목표계획서에 기재한 관리자의 코멘트가 시간이 지남에 따라 직원에게 영향을 주게 된다. 어떤 영업소장은 전체 직원에 대하여 지원사항을 반드시 기재하고 있다고 한다.

예를 들어 "매월 두 번째 화요일에 반나절을 동행하겠습니다. 계획의 재평가 등을 그때 함께 생각해봅시다"라는 식이다.

또한, 어떤 관리자는 목표달성을 위하여 직원에게 바라는 행동, 태도 등을 기재하고 있다. "당신은 담당 거래처가 반 이상 바뀌었으니 방문 전에 반드시 거래처 파일을 확인하고 그 회사의 화제를 알아보기 바랍니다" 이처럼 구체적으로 쓰여 있으면 직원은 반드시 관심을 끌게 된다. 동시에 직원을 격려하고 사고력을 발휘하게 하여 목표달성에 있어서 추진력이 된다.

실천 포인트 .... ♧

1. 목표확정 후에 목표달성에 관한 것을 기재한다

"코멘트는 언제 기재하는 것이 좋습니까?"라는 소박한 질문을 관리자에게서 들을 때가 있다. 통상적으로는 목표를 확정했을 때 코멘트를 기재하는 것이 좋다. 목표를 설정하지 않은 단계에서는 관리자가 지원해야 할 사항도 명확하지 않으므로 코멘트를 기재하기가 난해하다.

2. 한가지라도 좋으니 직원의 주요 임무를 찾아낸다

코멘트를 직원의 모든 목표를 대상에 상관없이 잔뜩 나열하는 것은 좋지 않다. 한가지라도 직원에게 목표달성 기간에 주목시킬 것을 쓰면 되는 것이다. 주목시킬 사항을 찾아내기 위해서는 다음 사항에 주의하기 바란다.

① 목표설정 수준이 높아 달성이 곤란하다고 예상되는 목표

② 신규성이 강하기 때문에 예측하기가 어렵고 계획을 구체화할 수 없는 목표

③ 직원이 서툴고 잘 하지 못하는 사항들이 너무 많이 포함된 목표(신규개척이 서투른 직원의 신규 방문 활동, 눌변인(訥辯人) 직원의 표현력 강화)

이들 목표 안에는 관리자가 지도해야 할 사항이 숨겨져 있는 것이다.

3. 코멘트의 패턴을 이해하고 알기 쉽게 기재한다

주목할 사항을 찾아내면 실제로 코멘트를 생각하고 기재를 한다. 코멘트

란에 기재하는 지도 내용에는 다음과 같은 패턴이 있으므로 이것을 바탕으로 알기 쉽게 기재하기 바란다.

✅ **목표달성을 위해 요구되는 업무 자세를 기재한다.**

목표를 달성에서 관리자가 직원에게 기대하는 업무에 임하는 자세를 기재한다. 예를 들어 "거래처에 거절당해도 좋으니 계속하여 방문하는 인내력을 가지고 임하기 바란다", "아이디어의 질은 상관없으니 하나라도 많이 적극적으로 제안하기 바란다" 등이다.

✅ **관리자의 지원사항을 기재한다.**

목표달성을 위해 직원을 지원할 내용을 기재한다. 관리자의 지원이 직원에게 용기를 주고 목표달성을 향해 노력하는 동기를 부여하게 된다. "○○에 관하여는 상층부의 검토현황을 2주에 한 번은 정보를 제공하겠습니다", "라이벌의 움직임은 내가 5월까지 조사해 두겠습니다" 등의 정보수집·제공뿐만 아니라, 예산의 획득, 동행 등의 지원사항도 기재한다.

✅ **목표달성에 필요한 지시사항을 기재한다**

목표를 달성서 실천해야 할 사항이 있으면 설정 단계에서 코멘트 란에 기재하고 본인이 잊지 않도록 한다. 그렇게 함으로써 직원에게 '관리자가 지원해 준다'라는 안도감을 주게 되는 것이다.

✅ **목표달성의 자조 노력 촉진을 위한 조언을 기재한다**

어디까지나 본인에 대한 조언에 한하여, 자조 노력으로 목표달성이 진행되도록 하는 것도 있다. "○○안건을 새롭게 작성하는 데는 A사의 영업관리시스템이 도움이 될 것입니다. 일본경제신문의 데이터베이스 등을 이용하여 정보를 수집하고 검토하기 바랍니다" 등 알기 쉽게 조언한다.

☑ 본인에게 자각시킬 유의점을 기재한다

직원에게 자각을 촉진하고 스스로 목표달성을 향해 노력하도록 지도해 간다. 어떤 의미에서는 관리자의 코멘트가 행동·태도의 점검목록이 되는 이유이다. "거래처에 방문하기 전에 반드시 정보제공자료를 준비해 주십시오", "매일 업무 종료 후에 그 날의 실시결과에 빠진 것이 없는가 되돌아보고 다음 날의 계획을 세우도록 해 주십시오" 등이다

코멘트의 예시

기재사항	코멘트
목표달성을 위해 바람직한 자세	고객에게 매번 거절당해도 계속하여 방문하는 인내력을 가지고 임하길 바랍니다
관리자의 지원사항	라이벌 B사의 동향은 내가 ○월말까지 조사해 두겠습니다
목표달성에서의 지시사항	신규개척을 위한 D사 방문 시에는 가격 인하를 15% 이내로 동결하고, 상대방에 제안해 주십시오
목표달성을 위한 자구노력 촉진의 조언	○○안을 새로 작성하기 위해서는 A사의 영업관리 시스템이 도움이 됩니다. 일본경제신문의 데이터베이스 등을 이용하여 정보를 수집하고 검토하기 바랍니다
본인에게 자각시킬 주의점	거래처를 방문하기 전에는 반드시 정보제공자료를 준비해 주십시오

직원을 관리자로부터 독립시키기 위해서는?

···?

　목표관리에는 일반 담당자뿐만 아니라 관리자도 대상에 포함되어 있다. 본래 관리자는 관계자들에게 영향력을 발휘하여 목표를 달성해 가는 것인데, 리더십의 발휘가 직원에게 시키는 것으로 오해되고 있다.

　목표달성계획에 「직원의 신규개척을 지도한다」라고 적혀 있는 것만으로는 누가 어떻게 진행하는 것인가가 불분명하며, 관리자는 어떤 형태로 관련되는 것인지도 알 수가 없다.

　그렇다면, 관리자가 지도적 역할과 주체성을 발휘하여 직원을 끌고 가 가는 목표·계획을 만들기 위해서는 어떻게 해야 할 것인가?

1. 관리자의 존재가치를 행동으로 명확하게 한다

관리자가 주체성을 발휘할 것을 계획안에 돋보이기 위해서는 관리자의 정의 자체를 재평가할 필요가 있다.

관리자를 정의하는 데 주로 사용되는 것이 '직원을 통하여 목표를 달성해 가는 사람'이다. 이 정의에 따르면 직원에게 목표를 할당한 후에는 더는 의무는 없는 것이 되어버린다. 따라서 관리자를 더욱 폭넓은 의미로 재정립할 필요가 있다. 여기에서는 「목표달성을 향하여 관계자들을 이끌어 가는 사람」이라고 정의해 둔다.

새로운 정의에 의하면 관리자가 직원에게 목표를 할당하는 것에서 그치지 않는다. 목표달성의 방향성을 제시하기 위해 스스로가 계획의 주제를 작성하여 직원에게 제시하거나, 그 목표의 중요성을 직원이 이해할 수 있는 말로 이해시키는 것도 필요하다. 이처럼, 관리자 스스로가 목표에 이르는 활동을 보이도록 하는 것이다.

2. 관리자의 주체성을 발휘한다

관리자에는 「실행 관리자형」과 「경영중심형」의 두 가지 타입이 있다. 전자는 관리자 스스로가 타 부문, 거래처, 상사, 직원 등의 관계자들에게 영향력을 행사하면서 목표달성을 향해 선도해 가는 부분과 스스로가 목표를 처음부터 마지막까지 '1인 담당자'로서 자기 완결적으로 진행해 가는 부문이 있다. 후자는 말 그대로 경영만을 담당하며 관계자들을 이끌어 가는 타입이다.

어느 쪽이 옳고 그른가를 떠나서 직장의 상황에 따라 지도력 발휘의 스타

일을 변화시켜야 한다. 소규모 영업소의 소장인 경우는 실행관리자로서 스스로가 거래처를 관리하고 영업 활동을 전개한다. 문제가 발생하면 직원과 동행하여 문제를 해결하기도 하며, 영업소의 목표를 스스로 정리하여 직원에게 이해시키기도 한다.

영업소의 규모가 커지고 관리의 범위가 확대되면, 같은 영업소장도 주체성 발휘의 스타일을 바꾸는 경우가 있다. 영업담당자에게 모든 거래처를 할당시키고 담당하도록 하는 것이다. 동행방문에 대해서도 거래처가 많아졌기 때문에 대형계약의 체결, 클레임의 처리, 지도·육성을 위한 동행만으로도 일정이 벅차게 된다. 결과적으로 업무에 여유가 없게 되고, 경영중심으로 변할 수밖에 없다.

실천 포인트 ·· ♣

1. '전방위 경영'으로 대상자를 명확히 하고 행동한다

경영을 목표달성에 반영시키기 위해서는 '전방위 경영'으로 폭넓은 대상자들에게 경영활동을 전개하는 것이 중요하다.

'전방위'라는 것은 관리자 본인을 중심으로 상(상사), 하(직원), 좌우(사내와 사외의 이해관계자)의 폭넓은 대상자들을 시야에 포함하는 것이다. 직책이 과장이라면 부장, 직원, 사내의 타 부문, 사외의 거래처 등 모든 관계자에 대하여 관리할 것을 명확히 하는 것이다. 대상자들을 직접 경영하기는 곤란한 만큼, 관계자들에 대하여 주체적으로 관여하고 있는 것을 알 수가 있다. 예를 들면 '부장에 대하여 업무의 개선을 받아들이도록 설득한다' 등이다.

다음 그림은 어느 대기업의 기획부장이 어떤 관계자들에게 어느 정도의 비중을 두고 관리를 하고 있는가를 나타낸 표이다. 이처럼 관리는 직원뿐만 아니라 상하좌우의 전방위로 이루어져야 한다.

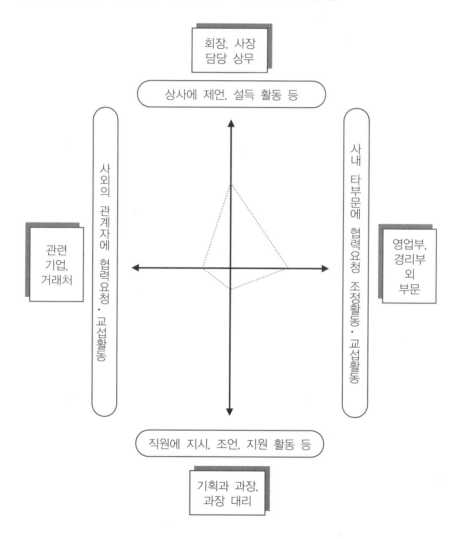

2. 목표달성 계획은 목표의 의미를 부여하는 것부터 시작한다

목표달성계획은 관리자가 그 목표의 설정 배경의 중요성을 구성원에게 인식시키고, 이해시키는 것에서부터 시작한다. 이것이 바로 관리자의 최초의 주체적인 관여가 되는 것이다. 「효율화 목표의 필요성을 부문(부서) 회의를 통해 이해시킨다」라고 목표계획서에 기술되어 있을 것이다.

3. 관리 스타일은 계획항목의 순서와 연관 관계에 따라서 실현한다

관리자의 관리 스타일을 돋보이기 위해서는 계획항목의 순서나 직원과의 연관 관계를 고려해야 한다. 그렇게 함으로써 관리자의 주체적 활동을 명확하게 할 수 있다.

솔선수범 방법

업무 효율화에 대한 목표를 진행하기 위하여 계획을 수립할 경우, 「솔선수범형」 방법은 다음과 같다.

① 효율화의 기초를 닦기 위해 스스로 원안을 제시한다

② 그것을 바탕으로 솔직하게 아이디어를 제기한다

③ 전원이 아이디어를 추가하고, 구체화를 위한 조언을 한다

자주성 발휘 방법

구성원의 자주성을 발휘시키는 「자주성 발휘형」 방법의 순번은 다음과 같다.

① 1인 3가지 이상의 아이디어를 솔직하게 제기한다

② 전원이 아이디어를 추가하고, 구체화를 위한 조언을 한다

③ 관리자도 스스로 원안을 제시하고, 직원과의 차이를 비교·검토하여 안을 확정한다

4. 경영 구현화의 활동 패턴에 적용한다

목표달성 계획 란에 「영향력의 발휘, 지도·육성」이라고 기재되어 있어도 무엇이 주체적인 내용인지 알 수가 없다. 적어도 '지시, 조언' 등의 수준으로 구체화하는 것이 중요하다.

실제로 관리자의 목표계획서에서 찾아볼 수 있는 대표적인 활동은

① 문제·원인·대책안의 원안을 제시하고 구체화의 시점을 추가한다

② 옳고 그름, 우선순위의 판단 기준을 제공하고 스스로 판단을 내린다

③ 이해의 조정을 정리한다

④ 다른 견해와 사고방식을 제공한다

⑤ 사안의 중요도와 이점을 구성원에게 인식시킨다

등이 있다. 이외에도 상사에 대하여 예산을 확보하기 위하여 '절충'한다거나, 직원으로부터 제시된 아이디어를 '제안'한다거나, 목표달성을 위하여 사외의 협력업자들에게 '협조를 요청'하는 등 상당히 많은 항목이 있다. 이러한 구체적인 항목을 의식하고 목표계획서에 기재한다.

5. 목적을 명시함으로써 활동의 중요성을 분명히 한다

회의를 개최하거나 조언을 준다고 해도 여러 가지 목적이 있다. 그 목적에 의해 경영활동의 중요성이 명확해지며, 주체적인 내용이 현저하게 나타난다.

계장에게 면접의 모범을 보이기 위하여 「과장 자신과 계장, 직원의 3자가 면접을 시행한다.」 이처럼 표기하는 것으로써 그 면접을 시행하는 의미가 확실해진다.

계획의 최종관리도 중요하다. 이것을 매듭의 경영이라고 한다. 매듭의 경영에는 두 가지 타입이 있으며 '무조건 하는 것에 그치지 않고, 계승하는 경

영과 '결말을 짓는 경영'이다.

전자는 '지금까지 실시해온 것을 다른 구성원에게 보급하고 업무의 재평가에 활용한다, 진행상의 문제점을 정리하여 해소해야 할 사항은 원인을 파악하여 업무메뉴얼에 추가한다' 등 다음의 계획에 연결하게 하는 것이다.

후자는 '표창하다, 행사에서 발표시켜 구성원들에게 동기를 부여한다' 등 목표를 단락짓기 위한 경영이다.

6. 실시의 타이밍이 관리자가 나설 차례를 나타낸다

또 한가지 관리를 하는 타이밍이다. 한마디로 표현하면 '적시에'가 되는데, 관리자가 나설 차례를 구체적으로 표시함으로써 주체성이 명확해진다.

예를 들면 「클레임이 발생하면 직원과 동행한다.」, 「목표달성이 지연되면 보완대책을 지시한다.」 등이다.

7. 실행관리자는 활동을 구체화하고 주어를 명기한다

실행관리자의 경우는 목표를 자기 완결적으로 달성해 가는 일이 많다. 이 때문에 달성계획을 보아도 어느 계획항목을 누가 실시하고 있는지 알 수가 없다.

따라서 계획 란에 활동을 구체화하고, 자신이 지시하고 직원에게 하도록 하는 것인지, 자신이 단독으로 진행하는 것인지, 주어를 명기하고 주체성을 분명히 할 필요가 있다. 영업소장의 경우는 '자신이 ○○사의 개척 상대 리스트를 만들고, 직접 그 리스트를 기초로 방문한다'라는 형태가 된다. 인사과장의 경우는 '재량근무제에 관한 정보수집을 위하여, 직접 실시기업을 방문 조사한다', '스스로 재량근무제의 원안을 입안한다' 등이 있다.

이상과 같은 내용을 바탕으로 목표계획서를 수정하게 되면 어떻게 될 것인가. 아래에 영업소장과 인사과장의 두 가지 예가 나타난다.

관리자의 주체적인 활동을 명확히 한다

(관리부장)

목표		달성계획	기일
목표항목	달성기준		
○○시장의 개척	신규로 ○○사 로 부 터 ××천만원을 수주한다	① 부장 스스로가 신규개척대상의 범위를 설정하고 구성원에게 개척대상자의 목록작성을 지시 ② 구성원의 의향을 바탕으로 동행기준을 설정·협의하여 개척 효과를 높인다 ③ 동행기준에 따라 직접 동행한다 ⋮	○○/4 ○○/4 ○○/5 ~/12

(인사과장)

목표		달성계획	기일
목표항목	달성기준		
새 로 운 인사제도의 입안	새로운 인사제도를××월까지 입안	① 인사제도의 신설·개정의 배경을 경영전략전환 등의 영향에 의미를 부여하고 구성원들을 이해시킨다 ② 스스로 작성한 개정 포인트를 제시하고 구성원에게 분석연구조사사항을 지시하고 대강의 일정을 협의 작성한다 ⋮	○○/4 ○○/4

신규사원에게 적정목표를 설정하기 위해서는?

현재 문제점 ⋯⋯⋯⋯⋯⋯⋯⋯⋯⋯⋯⋯⋯⋯⋯⋯⋯⋯⋯⋯⋯⋯⋯⋯?

입사한 지 얼마 안 된 신규사원에게 목표관리를 도입하고 있는 기업도 생기고 있다. 어느 기업에서는 입사 1개월 동안 전원에게 단체교육을 시행하고 있다. 비즈니스매너, 회사 개요에서 시작하여 공장견학·실습으로 마무리한다. 교육을 마친 후 신규사원은 설계부문, 영업소 등 본사의 각 부문(부서)으로 배치된다.

그 후, 상사로부터 일상업무를 수행하는데 필요한 지식·기능에 대한 연수교육을 받고, 꼼꼼하게 일을 배워 6개월이 지난 시점에서 처음으로 목표를 설정하게 되는 것이다. 영업담당자는 영업소장으로부터 배정받은 '매출목표, 이익목표, 회수율 목표'를 다른 구성원들과 마찬가지로 설정하고, 자기계발 목표는 본인이 자율적으로 설정한다. 그러나, 그 외의 설계부문 등 본사에서는 신규사원에게 어떻게 목표를 설정해야 할까?

1. 업무의 원칙으로 돌아간다

"신규사원에게 도전적인 목표는 무리다"

"일상업무조차 혼자서 할 수 없는데 왜 목표를 설정하도록 하는 것인가?"

"업무에 대한 부담을 증가시킬 뿐이다"

등 신규사원에 대한 목표관리도입에 반대하는 관리자도 적지 않다.

그러나, 원점으로 되돌아가 보면 목표를 설정하는 것이 어렵지만은 않다. 업무의 원점이라는 것은

「더욱 싸게, 더욱 바르게, 더욱 빨리, 더욱 쉽게, 일을 진행한다.」

는 것으로 이것은 능률의 원칙이며, 업무를 진행하면서 원리원칙이 되는 것이다.

관리자는 신규사원에 대하여 업무의 원리원칙의 관점에서 문제를 발견하고, 업무에 임하도록 할 수가 있다.

2. 조직의 기대와 요구가 명문화된 「자격요건」에 대조해 본다

공식적으로, 조직 안에서는 자격요건마다 기대·요구가 명문화되어 있다. 이것을 「직능등급 기준」이라고 한다.

입사한 지 얼마 안 된 신규사원일지라도 조직 안에서는 한 사람의사원으로써 기대·요구가 되고 있다. 자격등급 기준서에는 최초의 등급이 신규사원에게 기대·요구하고 있는 업무 및 능력의 내용과 수준이 명문화되어 있다. 여기에 대조해 보는 것이 중요하다.

3. 능력향상목표를 설정시킨다

경험이 없는 신규사원은 하루라도 빨리 제 몫을 할 수 있도록 능력향상을 도모해야 한다. 따라서, 반드시 직원 본인에게 능력개발향상목표를 설정시키는 것이다.

4. 경험이 없는 만큼 대부분이 도전목표이다

신규사원에게는 비즈니스의 경험이 없다. 앞서 언급한 사례에서도 6개월 동안의 경험밖에 없는 시점에서 목표를 설정하게 되는 것이다. 바꿔 말하면 경험이 없는 만큼 대부분 도전적인 목표를 세울 수가 있다.

실천 포인트

1. 이번 기회에 업무의 원칙을 가르친다

관리자는 최초로 목표를 설정하는 기회를 맞이하는 신규사원에게 '업무를 진행하는 원칙'을 가르친다.

업무의 원칙이라는 것은 「보다 싸게, 더욱 바르게, 더욱 빨리, 더욱 쉽게 일을 진행하게 한다.」이며 업무를 능률적으로 진행하는 것이 제1의 원칙이다.

다음은 신규사원도 사원으로써 담당한 업무를 마지막까지 완수할 책임이 있다. 이것이 제2의 원칙이다.

제3의 원칙은 「업무보고의 연속원칙」이다. 독선적으로 되지 않도록 업무의 진행 상황을 매일매일 보고하고, 필요한 사항을 상사에게 연락하며, 불분명한 점은 상담하도록 지도한다. 이러한 사항은 업무 진행에 기본이다.

각각의 원칙을 목표설정 전에 확인하기 바란다.

2. 목표의 필요성을 신규사원이 이해할 수 있는 말로 가르친다

'기업을 경영하면서 목표가 없는 세계는 없다. 목표설정은 당연하다'라고 관리자는 신규사원에게 말하고 싶을 것이다. 그러나, 신규사원의 머릿속에는 학창시절의 세계가 절반을 차지하고 있다. 회사원으로서 당연한 것이 신규사원에게는 당연한 것이 아니다. 그러한 사실을 바탕으로 신규사원에게도 이해할 수 있는 말로 목표의 필요성을 교육하는 것이 중요하다.

일반 직원의 지도보다도 난해하다. 적어도 신규사원에게 다음과 같은 사실을 전달하기 바란다.

"목표라는 것은 반년 또는 1년 동안에 달성해야 할 중점사항이다. 회사와 사원을 위하여 매년 각 부문(부서)이 중점적으로 해야 할 사항을 결정하고 있다. 그것이 연도목표이다. 그해의 부문 목표를 달성하기 위해서는 당신을 포함하여 직장의 구성원 전원이 각각의 중점목표를 가지고 업무에 임해야 할 필요가 있다.

이 목표에 임하는 것은 당신이 매일의 업무를 착실히 담당하는 것과 마찬가지로 중요한 것이다. 모두가 열심히 임해야 한다."

3. 목표계획서의 항목을 가르쳐 준다

신규사원에게 목표설정을 시키기 전에, 목표계획서에 기재할 항목의 의미와 기재방법을 설명한다. 설명해야 할 필수항목은 다음의 4가지 사항이다.

① 목표항목은 「무엇을 목표로 할 것인가?」

② 목표달성기준은 「어느 정도 목표로 할 것인가?」

③ 목표달성기준은 「수치로 표시한다」, 「형태로 표시한다」, 「일정 기한까지

완수할 것을 표시한다」

④ 목표달성계획은 「방법·수단, 기간, 목적」등을 구체적으로 기재한다.

⑤ 목표는 회사가 지정하는 수를 설정한다

관리자가 직접 작성한 목표계획서를 표본으로 제시하고, 목표계획서의 의미를 해설하면 이해하기 쉬울 것이다.

4. 원안을 작성하게 하고, 목표설정을 함께 생각한다

갑자기 신규사원에게 적당한 목표를 설정하는 것은 어려운 문제다. 그러나, 본인의 자립을 위하여 초안을 작성하도록 하는 것은 지도·육성에 있어서 의의가 있는 것이다. 우선 목표의 초안을 작성하도록 하고 그것을 바탕으로 대화하면서 관리자가 첨삭하며 수정한다. 그다음에 본인에게 목표계획서를 다시 작성하도록 한다.

수고와 시간이 필요한 방법이지만 신규사원의 처지에서 보면 반복하여 목표계획서를 기재함으로써 목표의 의미, 계획의 구체화 등을 피부로 느낄 수가 있다.

5. 목표계획서의 샘플로써 초안을 작성하도록 한다

신규사원에게 목표의 초안을 작성하도록 할 경우, 미리 목표의 샘플을 준비해 두는 것이 바람직하다. 목표의 샘플이라는 것은 거침없이 목표를 그려나간 것이 아니라 그것을 실마리로 하여 스스로 생각하는 자료로 하는 것이다. '역시 이렇게 목표를 세우는 것이군. 그렇다면, 나는 지금 담당하고 있는 ○○사무의 속도를 높이기 위해 ○○사무의 속도개선을 목표로 세우겠다. 달성기준은……'라는 형식이다.

목표 샘플은 「원리원칙」, 「등급기준서」, 「능력향상」의 3가지가 있다면 바람직하다.
아래의 힌트를 신규사원에게도 제시해 주기 바란다.

원리원칙의 목표 샘플

목표항목	달성기준
• ○○업무의 비용삭감 • ○○업무의 정확성향상 • ○○업무의 속도향상 • ○○업무의 간소화	• 지금까지 X원이 들은 것을 Y원으로 줄인다 • 월 X건이 발생하던 실수를 월 Y건으로 줄인다 • 지금까지 X분이 걸리던 것을 Y분으로 단축한다 • 지금까지 3장 철했던 것을 1장으로 줄인다

등급기준서, 능력향상의 목표샘플

목표항목	달성기준
• ○○업무력의 향상 • 상품지식의 습득	• ○○업무를 혼자 할 수 있게 되다 • 상품○○의 특징과 가격을 보지 않고 설명할 수 있다

목표가 '강압적' 이 되지 않기 위한 주의점은?

현재 문제점 ....?

목표를 설정할 시에 무엇을 목표로 내세우면 좋을지 직원으로부터 문의가 온다.

- '업무에 관한 문제를 목표로 하도록'이라고 지시를 하여도 '모르겠다'라 며 답을 요구해 온다.

- 지시를 기다리는 직원은 관리자의 고민거리다.

직원에게 기대하는 행동 패턴은 「스스로 문제의식을 느끼고 자신에게 적절한 목표의 초안을 준비하여 주장한다」는 것일 것이다.

그것이 바로 자주성이다.

한편, 목표의 연계, 목표의 쇠퇴가 있으며 강압적인 목표가 되어버리는 예도 있다.

어떻게 하면 직원의 자주성을 끌어낼 수 있을 것인가?

1. 관리자가 영향력 행사의 방법, 스타일을 전환한다

관리자의 직원에 대한 관리가 지배적일수록 직원은 자주성·주체성을 발휘하기 어렵게 된다. 따라서 관리자의 영향력 행사의 방법·스타일·특징을 변화시켜갈 필요가 있는 것이다.

2. 직원 스스로가 자주성·주체성을 발휘할 기회의 제공

직원이 자주성·주체성을 발휘할 기회를 관리자가 제공하는 것이다. 예를 들면, 직원의 목표 근거가 되는 부문(부서)의 목표를 검토하는 회의에 구성원을 참여시켜 직원에게 의견을 말하도록 하거나 면접 전에 직원에게 목표를 검토하도록 하려고 일부러 힌트를 주는 것이다.

1. 직원의 자주성·주체성을 발휘할 수 있는 여지를 남기도록 한다

직원이 자주성·주체성을 발휘할 수 있는 여지를 남기도록 하는 것이 중요하다. 예를 들어, 조직목표의 검토회의 도중에 자유롭게 직원으로부터 문제 제기, 대책, 과제 제기를 하게 시킨다. 그러고 나서 관리자의 의사를 전달한다.

설정해야 할 목표의 근거를 전달하고 그 틀 안에서 목표를 생각하도록 하는 것이다. "B사원은 비용 절감 3,000만원을 목표로 설정하기 바랍니다"라는 식의 전달방법으로는 직원이 자주적·주체적으로 목표를 결정할 여지가 없어진다. 따라서 "담당하는 업무에 대하여 비용을 절감할 수 있는 목표를 생각해보십시오"라는 관리자의 기대를 제시하며 직원 스스로가 실천하도록 하는 것이다.

2. 직원 자신의 의사에 따라 목표의 초안을 설정한다

직원 자신의 자발적인 의사에 따라 목표를 작성하는 것이 자주성이나 주체성을 발휘하면서 매우 중요하다. 어느 직장의 과장은 목표검토회의 도중에 직원 전원에게 "부문(부서)의 요구에 호응하는 데 있어서 장애가 되는 규약, 문제점을 제시해 주십시오"라고 요청하였다. 그리고, 직원이 제시한 규약, 문제점을 바탕으로 과제, 목표, 목표달성 아이디어를 검토하고 있다. 그 아이디어들을 기초로 직원은 목표설정 면접 때까지 초안을 만드는 것이다.

그중에는 「부문(부서)의 요구에 호응하기 위해 부문(부서) 구성원으로서 무엇을 할 것인가를 스스로 생각해 주시기 바랍니다. 이 부문(부서)의 목표설정 배경에는 ×××라는 환경변화와 당사에의 영향이 있습니다. 그러한 배경을 염두에 두고 생각해 주시기 바랍니다」라고 자주적으로 임할 수 있도록 생각할 실마리를 제공하고 있는 관리자도 있다.

3. 목표를 정리할 기간을 둔다

관리자와 면접하기 전에 직원이 목표에 대하여 숙고하고, 고안하는 것이 자주성·주체성을 발휘할 수 있게 한다. 그러기 위해서는 목표에 대하여 생각할 기간이 필요하다. 관리자의 기대를 자신의 언어로, 자기 생각에 승화시키는 숙성기간이 적어도 3주간은 요구되는 것이다.

대형항공 운수회사인 A사에서는 목표설정 기간으로 3주간의 여유를 준다고 한다. A사의 과장에 의하면 '3주간이 주어지면 직원은 여러 가지로 고안

을 할 수 있는 듯하다. 최초에 생각해 두었던 업무개선의 목표도 3주간 동안
에 다양한 각도에서 재수정 할 수가 있다. 그에 따라 직원의 목표에 대한 인
식도 견고해지며 주체성의 발휘로 이어지는 것이다'라고 한다.

아울러 필자가 소속하고 있는 조직에서도 최소한 1개월을 선정하고 있다.
1개월이라는 기간이 있으면 다양한 고안이 가능하다. 목표 초안을 4~5회는
다듬을 수가 있다.

독자는 직원의 목표를 고안할 수 있도록 최저 3주간은 확보하길 바란다.
만일 기간에 대한 안내가 늦어졌더라도 관리자가 달력을 보고 "자! 이제부터
는 내년도의 목표를 생각해보도록 합시다"라고 제안하기 바란다.

4. 면접에서는 직원이 먼저 목표를 제시한다

면접에 임하면 「직원이 먼저 목표를 제시한다」는 것이 중요하다. 직원 본
인에게 목표 안을 주장할 기회와 시간을 충분히 제공함으로써 본인의 목표
에 임하는 자세를 확인할 수가 있다.

반대로 관리자가 먼저 목표를 제시·설명하였을 경우는 어떻게 될까? 어느
기업에서 목표관리 메뉴얼을 작성할 때에 먼저냐 나중이냐 라는 문제로 의
견이 엇갈렸다.

'관리자와 직원 사이에 신뢰가 있으면 관리자가 먼저 목표를 제시·설명해
도 문제가 되지 않는다'라는 의견도 있었기 때문이다. 그러나 목표를 먼저 설
명했을 경우, 좋고 나쁨에 관계없이 관리자의 의사를 직원이 상당 부분 의식
하게 된다. 따라서 직원의 자주성을 끌어내는 장을 만든다고 생각하고 먼저
직원에게 목표를 제시하도록 하기 바란다.

5. What(목표) How(달성계획)의 결정에 재량을 주어라

목표관리에는 '자기통제'라는 사고가 전제되어 있다. 이것은 목표관리의 제창자인 피터드럭커(Peter Ferdinand Drucker)의 주장이다. 그 주장을 존중하고 있는 외국자본계열의 기업에서는 달성계획 입안·결정에 대하여는 직원본인에게 맡기고 있으며, 목표만을 면접에서 합의사항으로 하고 있다. 직원의 주체성을 적극적으로 존중하고자 하는 사고방식이다.

그 기업에서는 상하 간의 목표설정 합의를 달성수준까지로 한정하고 있다. 즉 달성계획에 대해서는 본인의 자유재량에 위임하여 직원의 자주성 발휘를 촉진하고 있다고 한다.

목표설정이 서투른 직원에 대한 지도방법은?

현재 문제점 ⋯⋯⋯⋯⋯⋯⋯⋯⋯⋯⋯⋯⋯⋯⋯⋯⋯⋯⋯⋯⋯⋯⋯⋯⋯⋯?

직원에게는 '어떻게든 목표를 달성한다'라는 각오를 다짐받고, 도중에 변동이 생길지라도 목표달성을 포기해서는 안 된다고 약속하고 등

목표를 서로 대화로 정하는 것을 「언약」이라 부르는 것도 이러한 배경이 있다.

최근에는 목표를 인사평가와 연계하고 있는 기업이 증가하고 있으며, 목표의 설정수준, 달성수준이 평가되어 연봉에 많든 적든 영향을 미치고 있다.

그만큼 '무엇을 목표로 하여 마음을 정할 것인가?'가 관리자가 직원의 지도에 절실한 문제가 된다.

어떤 담당자는 신규개척을 목표로 설정하였지만, 관리자가 기대한 '신규계약 10개 회사'에 대한 목표에 대하여 망설이고 있을 때

그렇다면, 관리자가 기대하는 목표를 직원이 주저하였을 경우 어떠한 지도방법이 목표달성을 가능하게 할 것인가?

1. 목표설정은 노력으로 달성이 가능한 수준에서 정한다

목표를 설정할 경우, 중요한 것은 목표와 능력을 고려하여 직원이 노력하면 달성할 수 있는 수준에서 설정하는 것이다.

바꿔 말해서 노력하여도 달성이 어려운 수준이라면, 누구라도 목표로 받아들일 수가 없다. 보통은 「돌다리를 두드리며 건널 수 있는 수준」에서 설정하는 것이 본심일 것이다.

한편, 상사로부터 「이 정도 수준에서 하길 바란다. 이 정도면 설정기준이 A급으로 평가도 좋아진다」 등의 언질이 있으면 직원은 어느 정도 수준에서 설정해야 할지 고민하게 된다.

목표설정의 결단을 내리지 못하는 것은 「자신의 능력」, 「달성의 가능성」, 「평가의 반영」의 3가지 영향이라고 생각할 수가 있다.

① 자신의 능력을 향상해 보완할 수는 없는가?

② 달성의 가능성을 예측할 수는 없는가?

③ 평가의 반영은 보증되는가?

이러한 문제·불안에 어느 정도 해결의 실마리를 준비해 두는 것이 중요하다.

실천 포인트 ⋯⋯⋯⋯⋯⋯⋯⋯⋯⋯⋯⋯⋯⋯⋯⋯⋯⋯⋯⋯⋯⋯⋯⋯ ♣

1. 목표설정지도는 「목표」와 「달성계획」의 양면을 취한다

관리자의 강력한 요구로 무리하게 수준을 높인다 해도 직원의 이해는 얻을 수가 없다. 직원이 어느 수준에서 목표를 설정할 것인지 망설이고 있을 때 높은 수준에서 결단을 내리도록 하기 위해서는 목표수준뿐만 아니라 그 근거가 되는 '달성계획'에도 관리자는 주의를 기울여야 한다.

관리자는 '이 계획은 실천하여도 ○○수준의 목표달성은 곤란하다. 따라서 이것과 이것을 실시하여야 한다. 그러한 것을 달성하는 데 있어서 내가 매월 한 차례씩 지도한다'라고 달성계획의 내용을 충실히 하며, 또한, 관리자 자신의 주체적인 지도를 명확히 해야만 한다.

그렇게 하지 않으면 목표는 그림의 떡이 되어버린다. 관리자는 직원의 목표계획서의 '목표란' 뿐만 아니라 '계획이란'에도 관심을 가지고 구체적 또는 명확하게 자신의 지도를 기술할 필요가 있다.

2. 달성계획의 내용은 「활동량의 확보, 질의 향상」

목표달성을 위해서는 우선, 직원이 달성을 향하여 활동량을 증가해야 한다. 예를 들어, 영업담당자가 신규개척을 진행할 때는 방문횟수를 5회에서 10회로 늘리는 것이다.

관리자가 목표계획서를 점검할 때는 당사자의 활동량을 늘리기 위하여 어떻게 지원할 것인가가 포인트가 된다. 매일매일의 불필요한 업무를 찾아내어 활동의 질을 향상하는 것이 필요하다. 무턱대고 신규개척 방문을 한다면 효율과 효과를 기대할 수가 없다. 질을 향상하기 위해서는 '어떤 식으로 할 것인가'하는 방법을 구체적으로 선택하는 것도 중요하다.

또한, 활동량의 확보를 위하여 이동시간을 줄이는 직행직귀(直行直歸)를 채택하거나 지역을 집중하여 방문하는 방법 등의 조언을 한다. 질을 향상하기 위해서는 '예상 고객 B 이상의 7개 회사에의 접근」,「잠재고객의 발굴' 등을 중점적으로 다루어 계획항목에 포함하는 것도 효과적이다.

3. 관리자는 동행이나 회의를 통해 경영활동을 구체화한다

본래 관리자의 역할은 직원의 목표설정·달성을 위해 바람직한 방향으로 이끌어 가는 것이다. 앞서 말한 바와 같이 직원 본인이 자조 노력으로 목표를 달성할 수 있도록 활동량을 증가시키는 환경을 정비하거나 계획 자체를 조언하며, 지적하는 것뿐만 아니라 관리자 자신의 원조 활동도 요구된다.

어느 영업소의 신규개척을 예로 들어 관리자의 원조 활동을 열거하면, '단가계약기준 ○%를 초과하여 할인을 요구하는 ××에 대하여'라는 영업소장의 동행기준을 설정하여 지원할 것을 계획에 채택하고 있다.

조직 내에서도 월례회의를 통하여 구성원으로부터의 조언을 듣거나, 문제를 제기할 기회를 제공하는 등 달성계획의 질을 향상시키기 위한 계획을 첨가해 본다.

위와같이 하여 '이런 계획으로는 목표달성이 어렵지 않겠는가'라는 직원의 불안은 어느정도 경감할 수 있을 것이다. 목표수준을 높이는데 있어서 결단을 내리기가 쉬워질거라 생각한다.

의욕을 없는 직원에게 동기부여를 하기 위해서는?

경기가 저하되면 지금까지 목표달성을 하던 직원이 전년도 실적을 밑돌고 목표를 달성하지 못하게 되는 경우가 많아진다.

처음에는 '조금 더 열심히 하면 목표를 달성할 수 있을 것이다. 방식을 바꿔보자'라고 도전과 실패의 정신을 발휘하며 목표를 향해 노력한다.

그러나, 달성미달이 계속되면 직원의 의욕도 저하되고 자신감을 상실하게 된다. 이러한 상황에서 관리자는 어떻게 직원에게 동기를 부여하고 목표달성을 향해 이끌어 가야 할 것인가?

1. 직원의 자신감 회복을 최우선으로 한다

실패의 경험이 축적되면 자신감을 상실하게 되는 것은 당연한 결과이다. 자신감을 회복하지 못하면 도전적인 목표만이 아니라 일상업무에서조차도 실수를 범하게 되고 더욱더 자신감을 잃게 되는 악순환에 빠지고 만다. 이런 상황에서는 직원의 자신감 회복을 최우선으로 생각한다. 상황에 따라서는 목표수준을 낮추는 것도 필요하게 된다.

2. 목표달성을 향하여 지원을 강화한다

진정한 자신감은 목표의 달성으로 얻어지는 것이다. 목표달성을 위해서는 관리자의 꾸준한 지원이 필요하다.

대부분의 목표관리 서적에는 「목표설정 후 직원에 맡기고 목표를 달성시켜 간다.」라고 적혀 있지만, 목표미달이 계속되는 직원의 경우는 예외이다.

실천 포인트 ·· ♣

1. 직원의 성장, 장점을 발굴하여 자신감을 회복시킨다

동기를 부여하기 이전에 자신감을 회복시키는 것이 우선이다. 목표관리의 목적에는 개인의 성장이나 비약이 있다. 단지 목표를 설정하여 달성하면 되는 그런 것이 아니다. 또한, 목표를 달성하지 못하였다 해도 진행 과정에서 본인이 획득한 능력은 적지 않을 것이다. 오히려 그 점을 관리자가 깨닫고 있는가가 문제가 된다.

'컴퓨터를 다규칙 수 있게 되었다', '업무분석이 가능하게 되었다' 등 주변에서 몸에 익힌 것이 반드시 있을 것이다. 주변에서 습득한 사항들을 발견하기 위해서는 일상에서의 관리자의 세심한 관찰을 빼놓을 수가 없다.

일상에서의 관찰 이외에도 격려의 말에서 직원의 성장, 장점을 발굴할 수가 있다. "자네는 목표는 달성할 수 없었지만 이러한 점은 성장하였다. 미달성의 원인이 된 이러한 점을 다음에는 극복할 수 있게 되기 바란다"라고 직원을 배려하는 격려를 하기 바란다.

2. 목표달성을 향해 관리자의 빈번한 지원이 필요하다.

의욕이 왕성한 직원과 같은 방법과 빈도로 의욕을 잃은 직원을 지원한다면 효과가 올라가지 않을 것이다. 나름대로 생각과 에너지의 투입이 필요한 것이다. 관리자가 빈번히 동행하는 등의 지원을 하면서 자신감을 회복시킨 후에 혼자 힘으로 목표를 진행해 나가도록 하는 것이 현명한 방법이다.

3. 목표에 임하는 것이 직원 자신에게 어떠한 가치가 있는지를 이해시킨다

목표가 직원 자신에게 있어서 어떠한 가치가 있는가를 다음의 4가지 관점에서 의미를 두는 것이 중요하다.
① 「자신의 능력향상」
② 「처우 향상」
③ 「자극과 기회의 창조」
④ 「존재가치의 발휘」

4. 쌍을 이루어 둘이서 공동으로 추진한다

혼자서 목표를 추진하는 것은 매우 힘든 일이다. 여러 명의 직원이 함께 진행할 목표를 설정하는 '공동목표'의 방법도 있다. 예를 들어 자신감을 잃은 직원이 힘이 빠져 있어도 공동목표를 달성할 수 있게 되면 자신감을 회복할 수 있는 원동력을 찾을 수가 있다.

개인 목표의 의미부여 기재 예제

대상자		자격, 등급 등(A씨, 3등급)
기대목표	목표항목	○○업무의 개선강화
	달성수준	새롭게 근무 부문(부서)에 관한 ○○업무의 개선안을 2003년 1월까지 입안한다
관리자의 기대		소수정예화의 방침을 달성하기 위하여 요원 효율화에 부합하는 업무의 효율화가 필수조건이다. 자신의 능력향상과 조직목표의 달성을 위하여 노력하기 바란다
자신에게 예상되는 가치	본인의 능력향상	• 문제를 부문(부서) 전체의 견지에서 파악함으로 인해 시야의 확대를 도모할 수 있다 • 개선을 통해 청취력, 업무분석력, 기획구상력을 높일 수가 있다.
	처우 개선 이점	• 목표를 달성하는 날엔 부문(부서) 안에서의 평가도 높아지고, 훗날에 인사이동을 희망할 때도 기회가 많아진다. • 도전성이 A등급이며, 달성할 수 있으면 복귀도 기대할 수 있다
	자극과 기회의 창조	• 지금까지 부문(부서) 안에서만 머물러 업무의 개선 효과가 작았지만, 타 부문(부서)과 연관하게 되면서 커다란 효과를 기대할 수가 있다. 그러한 의미에서 조직에 커다란 공헌을 할 수 있는 절호의 기회다
	존재가치의 향상	• 타 부문(부서)의 관리직과 구성원들에게 A 씨의 개선 활동을 평가받을 기회가 되어, 지명도를 높일 수도 있다
비　　고		

5. 목표설정 수준을 낮춘다

자신감 회복의 묘약은, 직원에게 목표를 달성시켜 '여기까지 달성했다'라는 성취감을 맛보게 하는 것이다. 직원이 자조 노력으로 진행하는 목표라면 설정 수준이 높은 목표보다는 낮은 수준의 목표가 달성확률이 높아진다. '그다지 성장을 할 것 같지는 않지만, 이 정도라면 지금의 능력으로도 달성할 수 있다'라는 수준의 목표라도 상관없다.

반강제적으로 수준이 높은 목표를 설정시켜 달성하지 못하였을 때는 자신감, 의욕의 회복은 멀어져 버린다.

6. 직원에게 지속해서 자신감 회복을 위한 재료를 공급한다

목표설정, 평가단계를 불문하고, 관리자는 매일의 업무 안에서 향상된 점, 잘한 점 등 자신감을 회복시키기 위한 다양한 재료를 제공해야 한다.

어느 중견의 건설자재 업체에서 업계의 수요가 냉각되어 영업담당자의 대부분이 목표를 달성할 수 없게 되었다. 그러한 상황이 장기간 지속하였기 때문에 다수의 영업담당자가 의욕도 자신감도 잃어버리고 말았다는 것이다.

그러한 상황 속에서 영업소장이 취한 방법은 특별한 것이 아니었다. 일주일에 한 번은 담당자와 동행하고, 동행하는 동안에 직원의 잘한 행동을 반드시 한가지는 찾아내어 칭찬해 주고, 또한, 성장을 위하여 긍정적인 사고를 하도록 조언하면서 메모하여 전해주었다고 한다. 주변의 작은 것으로도 효과는 커질 수 있다.

더욱 도전적인 목표를 설정하도록 하기 위해서는?

현재 문제점 ···?

기업의 목표관리제도는 도전을 정한 제도라고도 한다. 목적은 기업과 개인의 습관과 행동의 혁신에 있다.

'달성이 어려운 목표에 도전한다'

'어떻게든 새로운 것에 도전한다'

'해보지 않고서는 알 수 없는 것에 과감히 도전한다' 등

경영자가 직원에게 바라는 기대는 크다.

그러한 기대에 반하여, 현장에서는 평상시 발휘하고 있는 힘으로도 충분히 달성할 수 있는 목표가 설정되고 있는 경우가 많이 있다.

'사원 대부분이 도전적인 목표를 달성하였지만, 회사의 업적이 저하되어 버린다. 어떻게 해야 할 것인가?'라는 담당자의 고민도 증가하고 있다.

운영하는 관리자, 담당자에게 문제가 있는 것일까?

어떻게 도전을 정의하고 목표에 임해야 할 것인가?

1. 보너스를 명확하게 한다

목표에 도전함으로써 전 또는 현재와 비교하여 어느 정도의 목표수준에서 보너스를 주는가를 명확히 하는 것이다.

"신규개척 10건에 도전하겠습니다."라고 직원이 선언하여도, 그 10건이 어느 정도의 업적이 되는지 판단하기가 쉽지 않다.

전년도 5건이었던 것을 2배로 끌어올린 것인지, 9건을 10건으로 늘인 것인지, 20건을 반으로 낮춘 것인지에 따라서 직원의 도전성에 대해 관리자의 판단도 바뀌는 것이다.

직원은 보너스가 명확해야 도전하는 목표에 대한 의식이 뚜렷하고 목표달성 평가가 쉬워진다.

2. 반드시 노력해야 하는 목표수준으로 한다

도전을 독려하고 지원하는 의미는 조직과 개인의 성장과 발전에 있다.

즉, 도전 성과는 도전하는 직원의 능력향상을 촉진하는 것이어야 한다. 반대로, '누워서 떡 먹기 식의 목표다!'라는 수준으로는 목표에 정하면 직원의 성장은 기대할 수가 없다.

'이 목표를 달성하기 위해서는 노력하지 않으면 어렵다'라는 수준의 목표가 되는 것이 중요하다.

1. 현황과 목표수준의 차이로 가산점을 평가한다

도전인가 아닌가를 정의하기 위해서는, 우선 관리자와 직원이 함께 그 목표수준의 차이를 이해할 수 있도록 하는 것이 중요하다. 즉, 현황과 목표수준의 차이를 판별하기 쉽도록 하는 것이 중요하다.

① 현황 수준 : 전년도의 성과, 현재의 능력 수준 등

② 목표수준 : 이번 연도의 성과, 목표로 한 능력 수준 등

위의 두 가지 사항을 분명히 한다. 한쪽만으로는 차이를 알 수가 없지만, 양자를 표시함으로 인해 차이가 명확해진다.

예를 들어 영업담당자가 「매출 10억」이라는 목표를 설정하였다고 하자. 이것만 보아서는 도대체 높은 목표인지 낮은 목표인지 알 수가 없다.

이것을 「매출 8억에서 매출 10억으로 한다」라고 목표를 표시하면 어떻게 되는가? 누가 보아도 일목요연하게 된다. 양자를 표시함으로써 가산점이 명확해지는 것이다.

2. 가산점은 '개선 여지', '수준 향상'의 관점에서 바라본다

현황과 목표수준의 차이가 분명해졌으면, 그 차이의 의미를 검토하여 가산점이 있는지, 도전성이 있는지를 판단해야 한다. 도전성을 판단하는 근거가 되는 핵심은 다음의 4가지 사항이다.

① 새로운 일에 시작한다

② 새로운 것을 만들어 낸다

③ 개선한다

④ 자격·등급을 향상한다.

첫 번째, 새로운 일을 시작한다는 것은

지금까지 경리에 종사하고 있던 담당자가 인사이동 때문에 처음으로 영업활동에 착수한다거나 교육부문으로 이동하여 연수를 기획, 실시하는 등이다.

어떤 의미에서는 이동 자체가 지금까지의 습관과의 결별이며, 익숙했던 편안한 업무를 떠나 차가운 바람이 부는 험한 일에 도전하는 것이며, 도전 그 자체라고 생각해도 과언은 아닐 것이다. 실제의 목표에 관한 기재사항은 '영업부문에의 직무확장, 신규매출 10억 달성' 등이 된다.

두 번째, 새로운 것을 만들어 낸다는 것은

'○○제품의 개발' 등 개발부문의 전매특허로 생각하기 쉽지만 그렇지 않다.

지금은 당연한 것이 되었지만 수년 전에는 E-mail을 사내에 도입하는 것이 획기적인 것이었다. 그 목표는 「전자메일을 도입하여 모든사원이 E-mail로 소통할 수 있게 한다.」라는 것이었다. 이 또한, 훌륭한 도전목표이다. 그 외에도

① 지금까지 없었던 판로를 개척한다

② 새롭게 경리시스템의 네트워크를 구축한다

등 찾으면 얼마든지 발견할 수가 있다.

세 번째, 개선한다는 목표는

개선 자체가 '현황을 부정하고 바람직한 상태로 만든다.'라는 것이며, 도전성을 판단하는 보편적인 것으로 생각할 수가 있다. 개선 자체도 다양한 형태가 있으며, 효율화라는 한 가지만 보아도 아래의 7가지 관점으로 나눌 수가

있다.

① 폐지한다(불필요한 업무를 없앤다)

② 간소화한다(업무, 사무처리를 더욱 간단한 방법으로 한다)

③ 표준화한다(업무처리의 지침을 통일한다)

④ 사무자동화한다(수동계산을 자동계산으로 한다 등)

⑤ 외주화한다(외부에 업무를 위탁한다)

⑥ 서비스 수준을 내린다(업무의 서비스 수준을 내린다)

⑦ 집중화한다(특정 부문에서 집중하여 실시한다)

이러한 관점에서 매일의 업무에 임한다면 고정적인 업무에서도 개선사항을 발견할 수 있으며, 신규사원도 도전성이 있는 목표를 설정할 수가 있다. 어쨌든지, 바람직한 상황으로 만드는 것 자체가 가산점·도전성이다.

마지막으로, 자격·등급을 향상한다는 것은

현재의 포지션(자격·등급)보다 그것을 웃도는 포지션(자격·등급)으로 향상하는 것이다.

예를 들어 3등급의 담당자가 4등급에서 요구되는 「직원 지도·육성」이라는 목표에 임한다거나, 「상사를 대신하여 업자와 교섭할 수 있게 되다」 등 상사대행 목표도 그중 하나이다. 그에 따라 상위목표에 적합한 목표가 되며, 일종의 도전성을 발휘할 수 있게 되는 것이다.

3. '노력하면 달성할 수 있는 수준'의 판단은 직원의 현재 능력을 고려한다.

직원이 설정하는 목표가 '노력하면 달성할 수 있는 것인가, 아니면 간단히 달성할 수 있는 것인가?'를 관리자가 정확히 판단하는 것이 중요하다. "이 목표는, 나에게 있어서는 달성하기가 매우 어려운 목표입니다. 도전성이 있는 목표입니다."라는 직원의 자기평가를 믿고 싶지만, 정말로 그런지는 관리자도 직원도 알지 못할 경우가 있다.

어려운 상황 속에서 올바른 판단을 위해서는 적어도 그 목표의 달성에서 핵심이 되는 현재의 능력 수준을 확인하는 것이 필요하다. 확인하는 순서는 다음과 같다.

① 그 목표의 달성에서 해야 하는 것을 명확하게 한다

② 명확히 한 항목마다 본인의 능력에 비추어 '○'가능, '△'관리자의 지도로 가능, 'x'상당한 노력 필요 등 3가지로 평가한다

③ 'x'가 없으면 수정한다

위의 순서를 바탕으로 목표의 현재 상황을 기재하고 직원에게 확인시켜, 도전성을 판정하는 것이 바람직하다.

관리자는 면접 시에 "이 목표는 당신이 노력하면 달성할 수 있는 것으로서 노력 여하에 달린 목표입니까?"라고 물어보기 바란다.

이상의 내용을 진행하기 위해서는, 일상 속에서 관리자가 자세히 직원을 관찰하여 직원의 능력을 파악해 둘 필요가 있다.

PART 3

업무와 조직에 따른 목표설정

Question

1. 업무가 정형화된 직원에게 도전목표를 갖게 하기 위해서는

2. 경영지원부문의 목표를 발굴하기 위해서는

3. 전문성이 높은 직원의 목표를 설정하기 위해서는

4. 달성기준이 명확하지 않은 목표를 설정하기 위해서는

5. 조직의 목표에 호응하지 않는 직원에 대한 지도 방법은

6. 조직목표를 개인 목표에 어떻게 연계할 것인가

7. 다른 부문과의 연대를 필요로 하는 목표를 설정하기 위해서는

8. 달성 가능성이 불투명한 목표를 자신 있게 제시하기 위해서는

9. 적자부문에서 적절한 목표를 설정하기 위해서는

10. 구조조정으로 인해 침체한 직장을 활성화하기 위해서는

주의를 기울여 보면 의외의 문제가 목표설정의 단계에서 발생하고 있다. '관리자의 지식이 미치지 못하는 전문성이 높은 직원의 목표를 어떻게 설정해야 할 것인가?',

'타 부문과 연대가 필요한 목표를 설정하기 위해서 어떻게 해야 할 것인가?' 등이다. 관리자의 목표설정에 대한 지도력을 한층 높이기 위해서는 이러한 문제들에 관심을 가지고 대처해 가는 것이 중요하다.

'직원이 진행하는 목표는 조직의 목표에 따르고 있다.'라는 것이 목표설정의 조건이 되고 있다. 하지만 현실적으로는 그렇지 않은 목표도 있다.

조직목표에 부응하는 목표를 세우기 위해서는 '환경변화와 자사에의 영향'을 출발점으로 하여 목표를 제어하는 '과제구성챠트' 등의 방법을 활용하여 구성원 전원에게 목표를 검토하도록 한다.

업무가 정형화된 직원에게 도전목표를 갖게 하기 위해서는?

현재 문제점 ·····································?

업무방식이 정해져 있는 담당자에게 있어서는 도전적인 목표를 설정하기란 쉬운 일이 아니다. 그 때문에 '○○업무를 수행한다.', '○○업무의 확실한 수행'을 목표로 제시하게 될 수밖에 없다.

이러한 직종에 있는 사람은 어떻게 하면 도전적인 목표를 설정할 수가 있을까?

지도 포인트 ··································

1. 한번 정한 업무표준은 항상 바른 것이라는 고정관념을 버린다

경리·제조부문에서도 정형화된 업무에 종사하고 있는 사람 중에는 업무 매뉴얼을 바이블과 같이 여겨 '그대로 해야 한다.'라는 고정관념이 있는 사람들이 적지 않다.

담당업무를 있는 그대로 받아들여 아무런 이의도 없이 진행한다. '이 업무를 어떻게 하면 더 빨리, 더 저렴하게 할 수가 있을까?'라는 문제의식은 전혀 없으며, 단지 눈 앞에 펼쳐진 업무만을 처리해 갈 뿐이다.

　도전성을 구체화하고 있는 기업을 보면 몇 가지 경향이 있다. 그것을 기초로 하여 도전적인 목표를 설정한다.

1. 업무에 대한 문제의식을 느끼도록 하는 것이 출발점이다

　목표와 업무는 동전의 앞뒷면과 같은 관계이다. 도전적인 목표를 설정하도록 하기 위해서는 업무에 대한 문제의식을 느끼도록 해야 한다. 즉,
　업무는 개선할 여지가 있다. 진행방법에 따라 개선할 수 있다.
　'업무의 표준'이라는 것도 설정한 단계에서는 바람직하였겠지만, 미래에도 영구히 바람직하다고는 할 수 없다.'라는 의식을 가지는 것이 중요하다.
　직원이 문제를 발견할 수 있게 되면 발견한 문제는 도전성 있는 목표를 세우는 기점이 될 수 있다.
　문제의식을 느끼게 하기 위해서는 문제발견의 근거가 되는 도전성을 다음의 4가지 관점으로 나누어 본다.
　① 새로운 일에 착수한다
　② 자격·등급을 향상한다
　③ 개선(업무표준의 재평가 등)한다
　④ 새로운 것을 만들어 낸다

2. 도전의 여지를 발견한다

☑ 새로운 일에 착수한다

지금까지 설계부문에 있던 담당자가 인사이동에 따라 처음으로 영업활동을 담당하게 되거나, 제조부문의 담당자가 인사부문으로 이동하여 처음으로 교육연수를 기획·입안, 지도까지 담당하는 때도 있다.

이동 자체가 지금까지의 업무습관과의 결별을 의미하며, 익숙했던 업무에서 미지의 업무로 불안과 희망이 섞인 도전을 하는 것이다.

예를 들어 「영업부문에의 업무확대 — 새로운 매출목표 2억 달성」등의 목표 상정이 가능하다.

☑ 자격·순위의 향상

업무대행 등을 통해 현재의 자격·등급보다 높은 업무를 담당한다. 그럼으로써 자연히 어려운 상위레벨의 업무에 임할 수가 있게 되는 것이다. 예를 들어 '과장의 ○○교섭업무를 대행할 수 있게 되다.' 등 상위등급자의 업무를 맡아, 일시적이지만 등급이 높은 업무에 종사함으로써 도전의 기회를 얻게 되는 것이다.

☑ 개선(업무표준의 재평가 등)한다

한번 정한 표준이 언제까지라도 바람직하다는 보증은 없다. 표준을 설정한 시점부터 그 자체가 전체 직원이 시작하는 것이다. 따라서 항상 상황에 의문을 갖고 대하며, 더욱 바람직한 업무표준을 모색하는 것이 필요하다.

어느 대형 자동차회사로 라이벌 관계에 있는 회사가 신형의 자동차를 발매하면, 곧바로 사들여 부분별로 해체한 후, 데이터화하고 자사와의 차별화

요인을 찾아내어 다음 개발에 활용한다고 한다. 그 해체부문(부서)의 책임자로부터 해제작업 담당자의 목표설정에 대하여 다음과 같은 상담을 받았다.

"해체작업의 담당자가 업무를 수행하는 목표를 세웠는데, 이걸로 괜찮겠습니까?"

거기에 내가 충고한 목표는 '해체작업의 개선(표준의 재설정)'이다.

매뉴얼에 충실해야 하는 직종에서도 개선에 의한 도전성 있는 목표를 설정할 수가 있다. 엄격하게 정해진 업무표준을 지켜야 하는 비행기 조종사(Pilot)도 '연비 절감'이라는 목표를 세우고 있으며 그중에는 '항공노선의 적정화'를 목표로 실제 운항 루트, 고도의 변경신청서를 항공청에 제출하여 승인받은 예도 있다.

주변의 경리업무 등 보통의 정형적인 업무를 예로 들어도 전표의 정리를 주 단위에서 월 단위로 변경하여 '파일의 효율화'를 도모하는 등 개선의 여지를 찾아볼 수가 있다.

☑ 지금까지 없었던 것을 만들어 낸다

일상주변의 업무에서도 지금까지 없었던 것을 만들어 낼 수가 있다. 예를 들어, '전자메일을 사내에 도입하여 모든사원이 메일의 사용을 가능하도록 한다.'라는 제안도 훌륭한 창조이며 도전적인 목표가 되는 것이다. 또한,

- '새로운 경리시스템의 네트워크화를 도모한다.'
- '지금까지 없었던 판매망을 개척한다.'

등 새로운 것은 찾고자 한다면 얼마든지 찾을 수가 있다.

경영지원부문의 목표를 발굴하기 위해서는?

현재 문제점 ···?

부문에 따라 목표를 만드는 난이도에 차이가 있다.

- 영업부문에서는'매출, 이익, 미수금의 회수액' 등의 성과 금액을 표시하면 된다.

- 제조부문은 '손익분기점 ○포인트를 □포인트로 내린다, 원료의 효율성 ○에서 △로 올린다.' 등의 성과로 표시할 수가 있다.

- 또한, '작년도 200시간이었던 잔업시간을 150시간 이내로 한다.'

등의 업무 효율화에 대한 목표는 어느 부문(부서)이라도 설정할 수 있으며, 시간, 금액, 업무량, 인원, 비용 등에 따라 성과도 명확히 할 수가 있다.

이에 반해, 총무·인사부문 등의 경영지원부문은 성과가 명확하지 않다. 경영지원부문은 간접부문이라고도 하며 생산·판매부문에 대한 지원기능을 중점적으로 담당한다.

영업담당자가 일에 대한 보람을 갖도록 임금제도를 설계하거나 제조부문이 고품질의 제품을 생산할 수 있도록 품질관리의 문제를 지적하고 개선책을 제안하는 것이다. 따라서 최종성과의 달성은 상대방에게 위임하는 것이다.

그렇다면, 경영지원부문의 경우 관리자는 직원에게 어떠한 목표로서 성과를 명확하게 해나갈 것인가?

지도 포인트 ···

1. 성과를 지원성과와 최종성과로 나눈다

간접부문의 화이트칼라는 공헌하는 부문의 '최종성과'에 대한 '지원성과'가 달성기준이 된다. 따라서, 얼마만큼 자조 노력을 통하여 지원내용을 향상해 갈 것인가가 포인트가 된다. 예를 들어, 인사부문의 복리후생 담당자는 「사원의 건강관리강화」라는 목표를 설정하기 위하여, 달성기준 수준의 선택지로서 다음의 표를 제시하였다.

「사원의 건강관리강화」에 대한 성과의 선택지

A : 건강진단의 시행 횟수를 1일에서 2일로 늘인다
B : 건강진단의 검진율을 80%에서 90%로 늘인다
C : 검진을 받지 않는 사원에게 1인 3회 이상 전화로 설득한다
D : GTP △순위 이상인 사원에게 술을 줄이도록 1인 3회 이상 전화로 설득한다
E : GTP △순위 이상 사원의 과반수가 금연하도록 한다
F : GTP △순위 이상의 사원 과반수의 GTP를 내린다

위의 사항 중에서 담당자가 자조 노력으로 달성할 수 있는 것은 A·B·C 항목이며, 그 이외에는 사원의 건강관리 여하에 맡겨진 지원성과이다. 어느 수준을 선택할 것인가는 상사와의 협의 결과에 따라 달라지겠지만, 적어도 복수의 선택지를 준비해 둠으로써 성과를 어느 선에서 취할 것인가를 알 수 있게 된다. 또한, 목표설정의 단계조절이 가능해진다.

2. '부문의 역할'에 비추어본다

경영지원부문의 존재가치는 '부문의 역할'에 있다. 부문의 역할을 명확하게 하기 위해서는 적어도 아래의 사항을 명확히 할 필요가 있다.

① 어떠한 공헌내용을(공헌내용)

② 어디에 대하여(공헌대상)

또 하나 '공헌방법'도 있는데 이것은 현황에 따라 변화하는 것이므로 위의 두 가지를 명확하게 한다. 예를 들어, 교육부문에서는 '전사원에 대한 능력개발지원을 통해 자사와사원의 성장발전에 이바지한다.'라는 형식이 된다.

이러한 역할의 근거는 아래의 사항을 파악하여 찾는다면 보다 이해하기 쉬울 것이다.

① 부문(부서) 설립의 의도

② 관계자로부터의 기대·요구

③ 부문(부서)이 담당하는 업무·기능

'○○지점 개설준비실'은 '지점이 기한까지 공개할 수 있도록 준비를 철저히 한다.'라는 역할로서 공개와 동시에 그 역할이 끝난다. 이것은 설립의 의도에서 알 수 있다.

품질관리부문(부서)은 제품의 품질을 보다 높인다는 제조부문(부서)의 기대에 따라 '제조부문(부서)의 제품품질향상에 부응하기 위해 전문적인 지원을 한다.'는 것을 역할로 하는 것이다.

또한, 홍보부문(부서)은 말 그대로 홍보 활동 기능을 담당하며 '회사 전체를 대표하여 주식회사의 정체성 확립에 공헌한다.'라는 것을 역할로 하고 있다.

이상의 역할을 완수할 수 있도록 「지점개업준비수행—4월 1일에 지점이 개업할 수 있도록 한다.」, 「품질향상지원의 강화—공장순회팀을 구성하여 각 공장을 매일 방문하여 품질상의 문제·개선사항을 지적한다.」, 「노출 건수의 향상—신문게재기사를 ○에서 △건으로 향상한다.」 등의 목표를 설정할 수 있다.

실천 포인트 .... ♣

1. '지원기능의 SAC 활동'으로 성과를 구체화한다

경영지원부문의 성과를 '지원기능의 SAC 활동'으로 구체화한다. SAC 활동은 다음과 같다.

① S : 서비스 활동으로, 관계자가 필요로 하는 정보를 수집·제공한다

② A : 조언 활동으로, 관계자에게 전문성을 구사하여 조언을 한다

③ C : 점검 활동으로, 관계자가 적절하게 기능을 발휘할 수 있도록 문제점을 지적하고 개선을 제기한다

위의 3가지 관점에서 구체화하면 지원성과의 선택지를 늘릴 수가 있다. 또한, 목표수준을 높이기 위해서는 얼마나 최종성과에 근접하는가가 적용상의 고안이다.

보통 개발부문 담당자의 목표는 「A 제품의 실험제작을 마치고, 대량생산의 승인을 받는다.」 등 달성기준을 명시한다. 그런데, 어느 기업의 개발담당자는 「A 제품을 소비자로부터 수주·채택한다.」라는 영업의 수주성과까지 명시하고 있었다. 담당자에 의하면 '영업담당자와 매월 동행하며 개발한 제품

을 하나라도 더 수주할 수 있도록 노력한다.'라는 것이었다. 활동의 방법을 바꾸는 것에 의해 달성기준의 향상을 도모할 수 있다는 좋은 예이다.

2. 경영지원부문의 역할 특성상 목표의 기준을 사전에 작성한다

경영지원부문의 역할은 어느 기업이나 거의 비슷하다. 설정목표 또한, 같다고 할 수 있다. 따라서, 미리 각각의 부문들의 '가이드라인'을 평가의 근거와 힌트로 작성해 두면 편리하다.

목표달성기준 포인트(교육부문)

목표기준		근거기준							
목표항목	달성사항	근거항목	데이터	앙케이트	자료·메모	시험·자격	사진	모임·동석	현물
① 교육제도의 강화	교육과정·프로그램·교재의 작성	교육과정·프로그램·교재 등							○
② 교육·연수의 사내화	외부에 위탁했던○○연수를 사내에서 기획·실시할 수 있도록 한다	교육·연수·과정·프로그램·교재 등 실시를 위한 모임			○			○	
③ 교육 정보 서비스	사내문서에 의한 교육(연수·통신교육 등)의 안내정보를 컴퓨터로 검색할 수 있도록 한다	컴퓨터에 의한 검색, 모임						○	
④ ○○교육·연수 의 간소화	2박 3일 방식의 ○○연수를 당일 연수+사전·사후과제 방식으로 한다	교육·연수과정·프로그램·교재 등 실시를 위한 모임						○	○
⑤ 교육연수평가의 시스템화· 효율화	자필에 의한 연수평가 설문조사 기재·집계를 컴퓨터에 의해 입력·집계할 수 있도록 한다	설문조사작성							○
⑥ 교육기술의 개발 강화	○○연수를 1인이 강의 운영할 수 있도록 한다	○○연수모임						○	
⑦ ○○교육·연수 의 표준화	각각의 부문(부서)에서 단독으로 ○○교육·연수가 가능하도록 연수방법의 작성 및 훈련을 한다	연수방법·훈련모임			○			○	

전문성이 높은 직원의 목표를 설정하기 위해서는?

현재 문제점 ....?

조직부문 간에 수평적인 인사이동은 조직의 벽을 깨는 방법으로써 기업에서 오래전부터 시행되고 있다.

그 기대나 효과와는 반대로 순환근무제로 생산·판매부문의 관리자가 간접부문으로 이동하는 등, 전혀 다른 업무·부문으로 이동했을 경우, 업무를 충분히 이해하지 못하고, 직원의 목표설정 수준을 전혀 평가할 수 없게 되는 문제가 실제로 발생하고 있다. 그 직원에게 적절한 목표인지 아닌지를 평가할 수 없다. 이런 경우에는 어떻게 하여야 할 것인가?

지도 포인트 ....

최근의 순환근무제는 인사부문에 기술 부분 출신의 관리자를 기용한다거나, 사업 재구축의 일환으로써, 사업부문의 통폐합으로 전혀 다른 부문으로 이동하는 예도 적지 않다. 조직의 인사를 살린다는 점에서는 훌륭한 것이지만, 직원의 목표설정을 평가하는 데는 그 타당성의 판단이 어려워진다.

예를 들어, '재량근무제의 입안·도입'이라고 해도 재량근무제의 의미나 경영상의 효과를 관리자가 이해하지 못한다면 직원에게 있어서 적절한가를 판단하기 어려운 것이다.

그러한 현재 문제점이 특히 현저하게 나타나는 부문은 연구개발, 기술부문이다. 어느 대형 중공업 회사에서는 원자조 노력 관련 부문(부서)의 부장이 우주개발사업의 부문으로 이동하여 직원의 평가에 어려움을 겪었다고 한다. 아무리 노력을 하여 우주개발의 지식을 습득하여도 전문분야가 광범위하므로 현실적으로 전부 이해하기란 불가능하다. 따라서 100% 스스로 타당한 평가를 할 수 없다는 것을 전제로 어떻게 해결해 나갈 것인가가 열쇠가 된다.

2. 당면한 긴급과제와 차기를 위한 계획의 양면으로 대응한다

전임자로부터 인수를 하였다고 해도, 이동한 지 얼마 되지 않은 단계에서는 업무, 직원에 관한 정보가 턱없이 부족하다. 면접, 회의 등에서 다른 구성원으로부터 정보를 수집하려 노력하여도 한계가 있다.

따라서 목표설정을 위한 면접이 임박해지면, 긴급조치로써 감독관과 연대를 하는 것이다. 한편으로는, 관리자 스스로가 1년 동안에 걸쳐 부문(부서)의 업무, 직원을 장악하기 위한 계획을 세워서 진행하는 것이 필요하다.

인사이동이 3~4년마다 시행되는 어느 업계에서는, 이동과 동시에 영업소장의 목표에는 「부문(부서) 업무의 장악」이라는 새로운 목표가 부여되고, 전임 관리자의 목표를 계승하여 진행하고 있다.

1. 목표의 현황, 달성수준을 명확히 한다

목표설정에 대한 평가가 어렵지만, 관리자는 목표설정 수준을 쉽게 평가할 수 있는 토대를 만들 수가 있다. 정석대로 목표의 현황과 달성수준을 명확히 하고, 그 차이를 확실히 파악할 수 있도록 한다. 차이가 명확해지면 도전성의 여부를 쉽게 판별할 수가 있게 된다. 그러한 목표계획서를 이용하면 양쪽 다 기재하지 않으면 안 되기 때문에 관리자는 판별이 쉬워진다.

2. 도전성을 명확히 한다

관리자가 할 수 있는 자조 노력은 도전성의 명확화이다. 인사이동에 상관없이 기업에서 명시하고 있는 목표의 조건인 도전성이 애매한 것도 판별을 어렵게 하는 원인이 되고 있다.

일반적으로는 '자격등급을 향상하는, 전년도를 실적을 웃도는, 새로운 일에 착수한다, 지금까지 없었던 것을 만들어 낸다, 개선한다' 등이 해당한다. 이와 같은 패턴에 비추어 점검이 쉽게 한다.

3. 목표수준의 선택지를 직원에게 준비시킨다

자조 노력은 '목표수준을 세 가지 이상 준비시킨다.'라는 것이다. 수고는 들겠지만, 목표설정 기준의 상호 비교가 가능해지고, 설정 기준의 평가가 쉬워지며, 수준 향상도 가능해진다. 신제품의 개발에서도 '실험작품을 제작한다.', '대량생산체제를 구축하도록 한다.', '한 건이라도 수주를 획득한다.' 등의 선택지를 준비할 수가 있다.

4. 직장의 감독과 연대하여 다면적으로 평가한다

이상의 사항은 관리자의 자조 노력으로 가능하지만, 이것만으로 전문성을 확실하게 평가할 수 있다는 보증은 아니다. 마지막에는 전문성을 이해할 수 있는 감독관으로부터도 평가를 받는 '다면평가 방식'을 도입한다.

앞서 언급한 중공업 회사의 관리자는 관리자, 감독관, 직원이 참여하는 3자 면접방식을 채용하였다. 면접단계에서 감독관, 직원 쌍방에 목표설정 현황을 확인시키고, 종료 후에 감독관의 조언을 바탕으로 목표설정 기준을 평가하였다.

얼핏 간단한 방법으로 보일지도 모르지만, 관리자가 자신의 미숙함을 인정함과 동시에 설정기준 평가의 타당성을 높이는 방법으로써 바람직하다고 할 수 있다.

5. 부문(부서)의 업무, 직원을 파악할 수 있는 계획을 입안하여 구성원에게 제시한다

인사이동 후 1년 동안을 어떻게 보내는가에 따라 관리자의 진가를 평가할 수 있다. 당연한 사실이지만, 부문(부서)의 업무, 직원을 파악하기 위한 계획을 입안하고, 그것을 실행에 옮기는 것이다.

또한, 그 계획을 직원에게 설명하고, 정확히 이해시킨 후에 실행하는 것이 현명하다. 정보는 직원이 관리하고, 제공할 필요가 있다. 그때는 적어도 다음 사항이 포인트가 된다.

① 부문(부서) 업무의 체계를 파악한다
② 직원 각자의 담당업무를 파악한다
③ 직원 각자의 능력을 파악한다

부문(부서) 업무의 체계를 파악하기 위해서는 '업무분장규정'을 기초로 감독관과의 회의를 통하여 의견을 청취하면 감독관 사이에서 정보를 공유할 수가 있다. 또한, 의사전달의 개선으로도 이어지는 것이다.

종래의 업무분장규정 대부분은 실태에 맞지 않게 되어있으며, 이 기회에 개선한다면 효과적이다. 동시에 직원의 담당업무에 대하여도 감독자로부터 정보를 수집해 두면 더욱 좋을 것이다.

직원 각자의 능력을 파악하기 위해서는 면접과 감독관 회의의 양방향으로 진행하여, 자신의 자기평가와 감독관의 타인평가로 진행한다.

인사고과 기준이 공개되어있으면 인사고과기준표에 대조하여 확인한다. 또한, 전임 관리자로부터 이어받은 개인의 인사 관련 자료도 참조한다.

달성기준이 명확하지 않은 목표를 설정하기 위해서는?

현재 문제점 ....?

목표설정 단계에서 목표를 명확히 한다.

이렇게 당연한 것이 이루어지지 않고 있다. 애매한 목표의 경우는 수치기준 이외의 상태기준, 일정표기준으로 명확히 하면 된다. 그런데, 목표를 진행해 보지 않으면 알 수가 없는 때도 있다. 예를 들어, 어느 회사의 개발담당자로부터 이러한 상담을 받았다.

"개발의 목표에는 물건을 만들어 보지 않으면 알 수가 없는 것도 있습니다. A 제품의 경우에는 경쟁자인 B사의 성능평가를 지금부터 실시하여 차별화를 도모하지 않으면 안 됩니다. 목표계획서에는 「신제품개발, B사와 차별화할 수 있는 실험작품을 개발한다.」라고 어쩔 수 없이 기재하였는데, 상사로부터 애매하다는 이유로 계획서를 되돌려 받았습니다. 어떻게 해야 할까요?"

또 다른 기업의 프로젝트담당자로부터도 같은 내용의 질문을 받았다.

"나의 이번 분기 목표는 회사 전체적으로 전개하는 관리회계시스템의 도입계획을 담당하는 것입니다. 그런데, 이 프로젝트의 목표가 아직 명확하지 않습니다. 어쩔 수 없이, 관리회계시스템의 도입이라고 목표계획서에 기재하였지만, 관리자는 물론 나 자신도 명확히 이해를 못 한 상황입니다. 어떻게 하면 명확히 할 수 있겠습니까?"

이와 같은 상황에서 관리자는 어떻게 대처해야 할까?

지도 포인트

1. 애매하게 된 이유를 명확히 해 둔다

애매하다는 것은, 목표설정 단계에서 어떠한 이유로 인해 미리 달성수준을 명확히 할 수 없다는 것을 의미한다. 그 이유가 '애매한 상태로 두면 평가의 시점에서 어떤 식으로도 할 수 있다. 관리자의 평가를 반박할 수 있다.'라는 것이라면 바람직하지 못하다. 이것은 불건전한 애매함이다.

또 하나의 이유는 '해보지 않으면 알 수가 없다. 예측조차도 할 수 없지만 도전하고 싶다.'라는 기업이 기대하는 도전적이며, 시행착오를 요구하는 건전한 애매함이다. 이러한 시점에서 보면 '명확하지 않으면 안 된다.'라고 말할 수만은 없는 문제이다. 오히려, 예측이 어렵고, 달성수준을 명확히 할 수 없는 목표가 바로 도전성이 있는 목표라고 볼 수도 있게 된다.

이처럼 건전한 애매함을 허용하면서 진행하기 위해서는 운영상의 고안이 요구된다.

실천 포인트

1. 무리하게 구체화하지 말고, 애매한 상태로 표시한다

관리자는 건전한 애매함인가, 불건전한 애매함인가를 판단한 후에, 무리하게 구체화하지 말고 때에 따라서는 애매한 상태로 두는 것이 현명하다.

2. 모호한 달성기준으로 표시한다

106

따라서, 모호한 달성기준의 상태로 표시해 두는 것이 좋다.

'시스템화의 완료, ○○의 개발을 마친다.' 등으로 정리해 두면 되는 것이다.

3. 달성기준을 명확하게 할 수 있는 기대사항을 확인해 둔다

애매한 목표도 시간이 지남에 따라 그 달성기준이 명확해진다. 명확해지는 시기에 대하여는 정도의 차는 있지만, 사전예측이 가능하다. '경쟁자 제품의 성능 비교검사가 끝나는 8월경', '○○회의에서 최고경영자로부터 방향성이 결정되는 7월경' 등이다.

이러한 시기를 직원에게 목표계획서에 기재하도록 한다.

"G 군 이 목표의 달성기준을 명확히 할 수 있을 것 같은 시기는 언제쯤이지?"

"올해 8월입니다."

"그렇다면 계획서의 별도 란에 '8월 말까지 명확히 한다'라고 기재해 놓기 바라네!"라는 식으로 한다.

4. 예정된 시기에 면접하고, 달성기준을 명확히 한다

예정된 시기에 명확히 할 수 있다는 것이 확정되면, 예정되었던 시기에 다시 면접하여 달성기준을 명확히 한다. 이 단계에서 목표의 도전성, 난이도를 판정한다.

Question 05

조직의 목표에 호응하지 않는 직원에 대한 지도 방법은?

현재 문제점 ··?

연초에 부문(부서)의 책임자로부터 제시된 부문(부서) 목표는 그 직장 구성원들의 목표를 제어하는 것이 보통이다. 목표관리에서는 '목표의 연계'라는 원칙이 있으며, 이는 부문(부서) 목표가 직원의 목표에 연계된다는 것이다.

그러나, 현실적으로 직장의 모든 직원의 목표에 연계한다는 보증은 아니다. 직원의 목표가 부문(부서) 목표라는 상위목표에 연계하지 않는 경우 어떻게 직원의 목표를 부문(부서) 목표에 부합하도록 할 것인가?

지도 포인트 ···

1. 부문(부서) 목표는 중점사항으로 방향성을 제시한다.

부문 목표로서 제시된 중점목표는 그 부문 전체를 통괄하여 부문 책임자가 중점을 정한 것이다. 결정된 중점에는 다음의 두 가지 경우가 있다.

① 모든 업무를 대상으로 효율화, 표준화 등 목표의 방향성을 제시한다

② 특정의 업무를 대상으로 제시한다

전자의 경우는, 예를 들어 자재과의 경우 자재과의 연도목표 '업무의 효율

화'에 연계한 개인 목표를 설정할 수가 있다.

자재구매의 주요업무를 담당하는 B사원, C사원은 각각 'X, Z, Y 분야마다 자재구매업무의 효율화'를 목표로 세울 수가 있다. 또한, 과 내의 서무업무를 담당하고 있는 D사원도 '과내 서무업무의 효율화'를 목표로 내걸면 된다. 이러한 모든 업무를 대상으로 연계하는 부문의 목표라면 문제는 없다.

후자의 경우는 어떠한가?

자재과의 과장이 자재과 본래의 기능과 연관된 '구매단가의 인하'라는 연도목표를 제시하였다. A사원, B사원, C사원은 각각의 입장에서 'X, Z, Y분야에 관한 자재구입단가의 인하'를 목표로 설정하면 되는 것이다.

그러나, 과내 서무업무를 담당하고 있는 D사원은 자재과의 주요업무를 담당하고 있지 않기 때문에 구입단가의 인하에 연관되는 목표를 설정할 수가 없다. 이와 같이, 현실적으로는 과내의 보조업무나 서무업무 등을 담당하고 있는 구성원이 부문(부서) 목표와 연계하지 않는 경우가 생기고 있다.

'상위의 부문(부서) 목표와 연계하지 않으면 안 된다.'는 것은 어디까지나 원칙이며, 예외도 있는 것이다.

2. 목표의 근거를 폭넓게 선택한다

'목표는 상위부문의 필요를 바탕으로 연계하지 않으면 안 된다.'라는 것을 목표의 조건으로 하는 기업이 대부분이다. 그러나, 현실적으로 연계하지 않는 상황에 직면했을 경우, 어떠한 목표를 설정하여야 할 것인가? 직원도 관리자도 고민하게 된다.

이러한 문제를 해결하는 방법은, 목표의 근거를 넓히는 것이다. 목표의 근거에는 3가지가 있다.

첫째는 「상위로부터의 필요」로, 앞서 말한 상위의 부문(부서) 목표와 연계시켜 설정하는 것이다. 두 번째는 관계자나 여러 부문의 필요에 따른 「관계자로부터의 필요」이다. 마지막 세 번째는 직장의 필요에 따른 「직장 고유의 필요」이다. 직원의 목표가 상위의 부문(부서) 목표와 연계되지 않는 경우는 다른 근거에서 설정하는 것이 바람직하다.

3. 업무의 원리·원칙에 비추어 목표를 설정한다

또 하나의 연계하지 않는 문제로부터의 탈출방법은 업무의 원리·원칙에 비추어 목표를 설정하는 것이다. 현재 담당하고 있는 업무를 보다 바람직한 방향으로 개선하는 것이다. 구체적으로는 능률의 원칙에 비추어 목표의 실마리를 찾는 것이다.

실천 포인트 ·· ♣

1. 업무상의 필요에 따라 설정하도록 한다

업무에 관한 필요는 능률의 원칙 '싸게, 정확하게, 빨리, 쉽게'에 적용하면 끌어낼 수가 있다. 다음의 사항을 기준으로 직원에게 목표를 설정하도록 한다.

① 「업무를 보다 싸게(비용 절감) 할 수는 없는가?」
② 「더욱 정확하게(실수의 삭감) 할 수는 없는가?」
③ 「더욱 빠르게(속도의 향상) 할 수는 없는가?」
④ 「더욱 쉽게(간소화) 할 수는 없는가?」

2. 관계자의 필요에 따라 설정하도록 한다

관계자를 사내와 사외로 폭넓게 설정하여, 타 부문, 거래처, 협력업자 등의 필요를 찾아낸다. 관계자의 필요를 찾아내기 위해서는 다음과 같은 관점에서 정리해 본다.

① 이쪽에서부터 협력해야 한다고 생각되는 것은 없는가?

② 항상 관계자로부터 협력을 요구해오고 있는 것은 없는가?

예를 들어, 외부협력업자의 필요에 따라 '협력회사의 품질지도'의 목표를 설정하거나, 영업부문이 설계부문의 필요에 따라 '납기의 단축화'를 목표로 설정하는 등이다.

목표의 근거를 발견하기 위하여 "부문 내외 관계자의 필요에 따른 문제·목표는 없는가?"라고 직원에게 언급을 해보기 바란다.

3. 직장 고유의 필요에서 찾는다

고유의 필요를 찾기 위해서는 아래와 같은 관점에서 접근하도록 한다.

① 능력개발의 필요 : 구성원에게 요구되는 능력, 향상해야 할 능력은 무엇인가?

② 업무형태의 구축·정비의 필요 : 직장 전체의 개선해야 할 업무 진행방식, 규칙·기준은 없는가?

③ 변혁의 필요 : 변혁해야 할 직장의 행동규범·풍습은 없는가?

예를 들어, 직장의 업무가 특정의 구성원만이 할 수 있게 되어 있는 관계로 생산성이 저하되고 있는 경우에는 '업무의 표준화, 업무의 다양화' 등이 목표의 주제가 된다.

4. 목표를 이해하지 못하는 직원에게는 3가지 활동으로 목표를 이해시키도록 한다

목표가 연계되지 않는 이유는 '직원이 그 목표를 이해하고 있지 않다.'라는 것이다.

본래대로라면 상위목표와 연계되는 목표가 있음에도 불구하고 이해할 수 없으므로 받아들이지 않는 것이다. 이해하지 못하는 이유는 여러 가지가 있으므로 관리자는 적어도 다음의 3가지 활동으로 직원의 강제적인 목표를 이상적인 목표로 전환할 수 있도록 지도해 나간다. 이것을 목표관리에서는 '조직의 요구와 개인 욕구의 통합'이라고 한다.

① 목표의 의미부여 : 부문(부서) 목표의 설정 배경을 직원이 이해할 수 있는 말로 설명하여 이해시킨다. 또한, 직원에게 목표에 전념함으로써 생기게 되는 이점을 이해시키는 것도 중요하다.

② 목표의 예측 부여 : 목표달성의 예측을 하지 못하는 직원에게는 어떻게 하면 목표를 달성해 나갈 수 있을 것인가에 관한 계획을 제시하여 안심하고 목표에 전념할 수 있도록 한다.

③ 목표달성지원 : 목표에 압박감을 느끼고 있는 직원에게는, 관리자가 직접 지원한다는 것을 약속하고 이해시킨다.

조직과 개인의 요구 통합

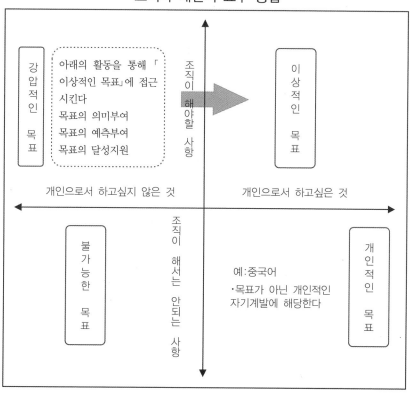

Question 06

조직목표를 개인 목표에 어떻게 연계할 것인가?

목표관리에는 목표연계라는 이론이 있다. 각 부문(부서)에서는 부문(부서)장이 제시한 당해연도의 중점목표에 따라 각 개인의 목표를 설정하게 된다.

그러나, 중점목표에 따라서 진행한다는 것이 간단한 것만은 아니다. 직원으로부터의 질문도 많이 생긴다.

어떻게 하면 부문(부서)의 중점목표를 문제없이 잘 진행할 수 있을까?

지도 포인트 ··

연계는 문자나열의 연계가 아니라 의미의 연계를 뜻한다.

목표연계는 단순히 명시되어 있는 문자나열의 연계가 아니라, 목표에 대한 '의미의 연계'이다. 목표를 제어하기 위해서는 관리자가 제시한 조직목표의 설정 배경을 이해하고, 각자의 관점에서 개인 목표로 계승하는 의미의 연계라는 사실을 철저히 이해시킬 필요가 있다.

어느 기업에서 있었던 일이다.

고객의 납기를 지연시켜 중요 고객을 잃게 되어버렸다. 경영자는 두 번 다시 이런 일이 발생하지 않도록 「납기의 단축」을 회사의 목표로 제시하였다.

그 배경을 이해하고 있던 인사부장은 인사부문의 목표설정 배경을 직원에게 이렇게 설명하였다. "한층 더 납기 단축을 실현할 수 있도록 조직부문 간의 담을 없애고, 납기를 우선시하여, 업무의 최우선 순위를 재정립하는 상황판단이 사원 한 사람 한 사람에게 요구된다. 당사의 사원에게는 그것이 결여되었다. 따라서, 인사부문에서는 현황 판단력의 개발 강화를 목표의 하나로 제시하도록 한다."

한편, 빠지기 쉬운 것이 '문자나열의 연계'이다. '납기단축'이라는 목표의 방향성을 문자의 나열로만 받아들여 '기간의 단축' 등의 표면적인 목표를 내세우는 예도 있다. 실제로 어느 기업에서는 회사목표 '공사 기간 절반 감축'에 대하여 인사부문(부서)이 '연수기간의 절반 감축'을 목표로 내세운 일이 있다.

실천 포인트

1. 부문 목표설정의 배경을 직원이 이해할 수 있는 언어로 설명한다

직원에게도 목표설정의 근거가 되는 부문(부서) 목표의 배경을 직원이 이해할 수 있는 말로 설명하는 것이 중요하다. 배경을 이해함으로써 부문(부서) 목표설정의 의미가 직원의 목표에 대한 의미로 계승되어, 직원의 목표를 제어할 수 있는 기반이 생기는 것이다.

구체적으로는 다음의 네 가지로 정리하는 것이 좋다.

① 계기가 되는 구체적인 동기

② 예를 들면

③ 구성원에의 영향

④ 목적

이상의 내용을 개별적으로 설명하면 다음과 같다.

☑ 계기가 되는 구체적인 동기

부문(부서) 목표가 중점목표로 설정되는 데는 그 나름대로 계기·동기가 있다. 그것을 분명히 함으로써 직원에게 사안의 중대함을 이해시킨다. 비용 절감, 업무의 효율화 등의 목표는 매년 설정된다. 만일 직원에게 이해할 만한 설명을 하지 못하면 "또 비용 절감, 업무의 효율화인가! 귀에 못이 박이도록 들었다."라는 반응이 나올 것이다.

"금년도의 비용 절감은 작년과 의미가 다르다. 경기가 저하하고 이대로라면 20% 이상의 수입감소를 감수해야 한다. 수익을 유지하기 위해서는 X%의 비용 절감이 어떤 일이 있어도 필요하다."라는 식으로 목표의 배경이 되는 회사 사정을 설명한다면, 사원의 대부분도 이해하게 될 것이다. 직원에게 "이것은 심각한 상황이다. 어떻게든 해야 한다."라고 상황의 절실함을 깨닫게 한다면 더할 나위 없다.

☑ 예를 들면

동기를 이해하고 자발적으로 부문(부서) 목표와 연계하는 바람직한 목표를 설정하는 직원도 있지만, 사원 중에는 '어떤 식으로 목표를 달성할 것인가?'라고 의문을 갖는 직원도 있다. 따라서 목표달성에 대한 이미지를 갖도록 하는 것이 필요하다. 구체적으로는 달성의 방법·수단을 전달하는 것이다. '업무 효율화를 위하여 불필요한 자료의 작성을 하지 않는다거나, 외부구매품을 단가가 싼 업자로 거래처를 바꾼다.' 등과 같은 사하을 제시하면, "그렇구나! 그렇게 하면 되겠구나!"라고 목표의 이미지도 명확해진다.

✔ 구성원에의 영향

부문(부서) 목표를 달성에서 여러 분야의 구성원이 관련된다.

'이 목표를 진행하는 데 있어서 자신이 분담할 사항은 없겠는가?, 이 목표를 위해서 상당한 부담이 강요되는 일은 없겠는가?, 개인목표에 영향은 없겠는가?'

이러한 사항을 이해시키는 것도 개인목표를 제어하는 실마리가 된다. 목표와 직원의 관계를 명확히 하여 적극적으로 부문(부서) 목표를 받아들일 수 있도록 하기 바란다.

업무의 효율화에 임하면 분석기술, 문제해결능력을 습득하게 되는 등, 직원의 입장에서 보면 매우 바람직하다. 또한, 효율화에 의해 불필요한 업무에서 해방된다면 본래의 가치 있는 업무에 여유를 가지고 임할 수 있는 장점도 있다.

반면, 분석으로 인한 부담을 갖게 된다. 이 부담은 직원에게 있어서 부정적인 영향을 준다. 관리자는 이처럼 긍정적인 면과 부정적인 면을 직원에게 이해시키는 것이 매우 중요하다. 아울러, 목표달성을 위한 분담사항은 사전에 알려 주어야 한다.

✔ 목적

또 하나의 항목은 「목적」, 즉 '지향하는 성과는 무엇인가?'이다. 효율화보다는 간접비용의 삭감, 소수정예체제의 확립 등이 조직의 성장·발전에 연관되는 성과이다. 또한, 업무개선력의 향상, 유연성의 창조가 개인의 성장·발전에 연관되는 성과이다.

2. 각종 목표의 형성기법을 구사한다

부문(부서) 목표를 이해함과 더불어 부문(부서) 목표와 연관시키면서 개인 목표를 제어한다. 구체적으로는 관리자가 직원을 집합시켜, 모임 등을 통해 각종 목표형성의 기법을 구사하면서 진행한다.

제어의 수법에는 '과제구성챠트'가 있다.

다음 페이지의 그림을 보면서 진행방법을 설명해 보자. 여기서는 '과제구성 챠트법'에 의해 직원을 교차시켜 진행하는 방법을 소개한다.

과제구성챠트 (인사과)

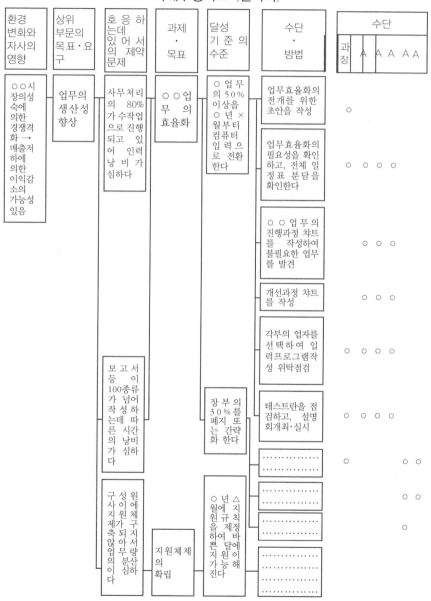

환경 변화와 자사의 영향	상위 부문의 목표·요구	호응하는데 있어서의 제약문제	과제·목표	달성기준의 수준	수단·방법	수단 (과장 A A A A A)
○○시장의성숙에 의한 경쟁격화 → 매출저하에 의한 이익감소의 가능성 있음	업무의 생산성 향상	사무처리의 80%가 수작업으로 진행되고 있어 인력낭비가 심하다	○○업무의 효율화	○업무의 50% 이상을 ○년×월부터 컴퓨터입력으로 전환한다	업무효율화의 전개를 위한 초안을 작성	과장 ○
					업무효율화의 필요성을 확인하고, 전체 일정표 분담을 확인한다	○ ○ ○ ○
					○○업무의 진행과정 챠트를 작성하여 불필요한 업무를 발견	○ ○ ○
					개선과정 챠트를 작성	○ ○ ○
		보고서 등이 100종류가 넘어 작성하는데 따른 시간의 낭비가 심하다			각부의 업자를 선택하여 입력프로그램작성 위탁점검	○ ○ ○ ○
				장부의 30%를 폐지 또는 간략화 한다	테스트란을 점검하고, 설명회개최·실시	○ ○ ○ ○
					......	○ ○ ○
		구성원사이에 지원체제가 구축되지 않아 업무분산이 심한것이다	지원체제의 확립	○년△월에 지원규칙을 제정하여 바쁜 달에이 지원이 가능해진다	......	○ ○
					......	○
					......	

119

☑ **목표제어의 전체상을 이해한다**

상위부문의 목표·요구의 설정 배경을 정확히 정리하고, 의미의 연계가 발생하도록 환경변화와 자사에의 영향에 근거하여 목표제어를 시작한다. 여기서는 과제구성 챠트법에 따라 간이방식으로 진행하는 방법을 제시해 둔다.

다음으로, 상위부문의 목표·요구에 부응함과 동시에 규약, 문제, 원인을 밝힌다. 또한, 그러한 것들을 해결하기 위하여 과제·목표를 설정하고, 연도의 달성수준을 정하여 달성을 위한 방법·수단을 명확히 한다. 마지막으로 무엇을 누가 담당할 것인가 담당을 결정하는 것이다.

사례를 보면서 단계마다 알기 쉽게 설명하도록 한다.

☑ **도구를 준비한다**

우선, 복사용지(A3)와 부전을 준비하여 '환경변화와 자사에의 영향'~'분담'까지 표찰을 붙인다.

☑ **환경변화와 자사에의 영향, 상위부문의 목표를 하나의 단위로 생각한다**

처음에 환경변화와 자사에의 영향과 상위부문의 목표·요구는 병합하여 생각한다. 여기서는 인사과장이 인사부문의 '업무 생산성 향상'이라는 「목표·요구」에 대하여 그 배경을 '○○시장의 성숙에 의한 경쟁격화로 인해 매출이 저하되어 수익이 반감될 가능성이 있다.'를 명기한다. 생산성을 높이고, 조금이라도 이익확보에 공헌하지 않으면 안 된다는 상황의 중대함을 읽을 수가 있다.

☑ **상위부문의 목표·요구에 호응함과 동시에 제약, 문제, 원인을 생각한다.**

상위부문의 목표·요구가 아무런 문제 없이 실행되는 것은 아니다. 여러 가지 장애가 인사과 안에서 생기고 있다. 실례로

- 사무처리의 80%가 수작업으로 진행되고 있어 인력 낭비가 심하다.
- 보고서 등이 100종류가 넘어 작성하는 데 따른 시간의 낭비가 심하다.
- 구성원 사이에 지원체제가 구축되지 않아서 업무량의 분산이 심하다.

등 생산성의 향상을 저해하는 문제가 명기되어 있다.

☑ **과제·목표로 전환한다**

제약, 문제, 원인이 밝혀지면, 과제·목표(해결, 실행해야 할 사항)를 설정한다. 실례에서는 「업무의 효율화」, 「지원체제의 확립」으로 명기되어 있는데, 적절한 결말로 마무리하는 것을 염두에 두고, 관리자가 판단한다.

☑ **달성기준·수준을 설정한다**

목표설정의 정석에 따라 「수치기준」, 「상태기준」, 「일정표기준」으로 명확히 한다.

☑ **방법·수단을 제기한다**

목표수준의 달성을 향해, 그 방법과 수단을 찾아간다. 직장에서 전개하는 경우에는 직원과 함께 다양한 시각에서 아이디어를 제시하는 것이 바람직하다.

☑ **분담을 예정한다**

마지막으로, 제기된 방법·수단을 누가 담당할 것인가를 직원과 함께 검토

하면서 예정해 둔다.

대강의 분담을 예정해 두면, 그것이 직원의 목표 후보가 되며, 나중에는 목표계획서의 초안을 직원에게 작성하도록 하여, 면접에서 최종적으로 결정하면 된다.

이처럼 회의 등을 통해 목표제어를 직원과 함께해 두면, 직원 간의 목표가 세분될지라도 서로의 역할분담, 목표의 관련 관계를 알게 되어 구성원 사이의 연대를 촉진할 수가 있다.

Question 07

다른 부문과의 연대를 필요로 하는 목표를 설정하기 위해서는?

대부분 직장에서는 주로 자기 부문에 한하여 목표를 설정하고 있지만, 개중에는 다른 부문과의 협력을 바탕으로 하는 목표를 설정하는 예도 있다.

공동목표에는 관계부문의 이해가 얽혀, 번거로운 조정업무가 발생하기 때문에 내버려 두면 직원의 목표와 거리가 멀어진다. 또한, 설정된 후에도 도중에 문제가 발생하여 목표의 진행이 중단되는 경우도 많이 있다.

그렇다면, 다른 부문과의 협력이 필요한 목표를 설정·전개하기 위해서는 어떻게 하여야 할 것인가?

지도 포인트 ··

1. 조직부문 간 연대목표의 의미를 이해시킨다

관리자, 직원을 불문하고 설정하는 목표 대부분은 부문 내에서 달성 가능한 목표이다. 관리자는 자기의 책임 아래 직원을 이끌어 가면서 목표를 진행하고, 직원의 자립을 촉진하며, 책임을 자각시켜 능력의 향상을 도모해 가는 것이다.

한편, 다른 부문과 연대·협력하면서 진행하는 목표를 「조직부문 간 연대목표」, 「공동목표」라고 하며, 부문들을 수평적으로 연결함으로써 아래와 같은 여러 가지 효과를 올리고자 하는 것이다.

① 파벌주의의 벽을 허물고, 협력·연대를 도모한다
② 여러 부문에 걸친 역동적인 목표·과제에 도전할 수가 있다

종적 관계의 기능별 조직의 경우에는 「이 일은 이쪽 조직부문, 저 일은 저쪽 조직부문」으로 경계선을 긋고 일을 진행하는 경우가 많이 있다.

그러나, 기업 중에서는 회사 전체, 조직부문 전체에 걸쳐 진행해야 하는 목표도 있다.

예를 들어, 물류시스템을 변혁하려고 할 경우, 수주에서 배송까지 여러 부문이 관련되게 된다.

주문을 접수하는 영업부문, 상품을 배달하는 물류부문, 자금을 회수하는 경리부문 등이다. 이러한 물류시스템을 효과적·효율적으로 전환하기 위해서는 이들 부문이 연대하여 진행해야 한다.

어느 소비재 도매업체에서는 업계 재편성의 물결 속에서 효율적인 시스템 구축을 위해 조직부문 간 연대목표를 설정하여 실행하고 있다. 인사교육부문, 물류부문은 「배달오류, 배달지연, 상품품절의 방지를 위해 물류 진행의 업무개선능력을 향상한다.」라는 것을 공동목표로 설정·전개하고 있다. 연수의 기획단계에서 쌍방의 부문 책임자가 협의를 바탕으로 연수를 기획·결정한다. 연수 실행과정에서도 쌍방이 협력하고 있다.

물류본부의 관계자가 현장의 문제점에 대한 정보를 다방면으로 제공하고 연수참가자의 문제의식을 고양한다. 인사교육부문은 부문 내에서 사전에 작성한 분석·개선 샘플을 제공하고, 개선기술을 이용한 실천적인 연수를 외부

단체에 위탁하여 실시한다. 연수 후에 각 물류센터의 책임자는 물류 담당자에게 개선안에 대해 조언을 하고, 현장에서 반영되도록 한다.

2. 조직부문 간의 연대를 위한 장치를 마련한다

이상과 같은 효과를 기대할 수 있지만, 다른 부문과의 이해조정, 연대방식 등을 결정함에서는 상당한 노력이 요구된다. 그만큼 조직부문 간 연대목표는 '번거로운 목표'인 것이다.

관리자는 그러한 번거로운 일을 추진시키기 위하여 업무장치를 마련할 필요가 있다. 기업에 따라서는 관리자를 포함해 직장의 구성원 전원이 연대목표를 반드시 설정하도록 하는 곳도 있다. 조직부문 간 연대목표는 의욕만 가지고는 설정기준 달성도 불가능하다는 것을 명심하여야 한다.

1. 조직부문 간 연대목표의 장점과 단점을 이해시킨다

조직부문 간 연대목표를 원활하게 실행하기 위해서는 직원에게 해당목표의 장점을 이해시키는 것이 최우선이다.

단 목표설정의 단점도 있으므로 숨김없이 단점을 알린 후에 그것을 능가하는 장점이 있다는 것을 전달한다. "조직부문 간 연대목표는 다른 부문과 조정해야 하는 수고가 들어가고, 성과를 다른 구성원들에게 위임해야 하는 만큼 상당히 번거로운 목표이다.

하지만, 난이도가 높은 만큼 조직에 대한 영향력도 커지므로 도전해 보기 바란다."라는 식으로 직원을 이해시키도록 한다.

연대목표의 장점으로는 다음과 같은 것들이 있다.

① 많은 구성원들이 관련되기 때문에 조정력, 지도력이 연마된다

② 부문 횡단적이기 때문에 다른 부문의 역할·업무기능을 이해할 수 있다

③ 복수의 구성원 안에서 실시사항을 명확히 하기 위하여 계획능력이 향상 된다

2. 연대의 규칙을 설정한다

연대의 구성을 위해서는 규칙이 필수이다. 규칙의 설정에 있어서는, 적어도 주요책임자의 설정, 목표설정의 대상자, 연대목표의 수는 정해두기 바란다.

공동목표는 복수의 구성원이 연관되어 조직적으로 진행되는 만큼, 조직적인 운영을 선도하는 책임자가 필요하게 된다. 주요책임자를 목표마다 정해

책임을 명확하게 하여 '공동목표, 무책임'이 되지 않도록 한다.

관리자는 분명히 목표설정의 대상자이다.

담당자를 대상으로 할 것인지는 각 관리자의 재량에 맡긴다. 부문의 특성, 당해연도의 회사방침 등과 연계하여 업무를 진행할 필요가 있으므로 연계목표의 수는 최소한 1개라는 최소한도의 설정기준으로 하여 부담이 가지 않도록 하는 것이 현명한 방법이다.

필자가 지도하고 있는 기업에서도 최소한 1개를 기준으로 하고 있다.

3. 관리자는 구성원간, 조직부문 간의 조정·지원을 한다

공동목표에서는 구성원이 다수가 되고, 여러 부문에 걸쳐 진행하게 되면 검토회의 일정조정, 지연되었을 경우의 복구, 상위부문 책임자에 대한 설득 등, 관리자에게 요구되는 활동은 경영 그 자체가 되고 있다. 필요에 따라 관리자는 조정 등의 활동 지원을 한다.

4. 달성계획의 분담을 명확히 한다

연대를 유지하면서 목표를 달성하기 위해서는 달성계획항목의 '어느 부분을 누가 할 것인가?' 상호의 분담을 명확히 해야 한다.

'문제가 생겼을 때 정하면 된다, 상황이 발생했을 때 적당한 사람이 하면 된다.'라는 유연한 생각도 할 수 있지만, 리더가 웬만큼 강한 지도력을 발휘하지 않는 한 어려운 일이다.

설정 단계에서 관계자들과 모임을 하고 검토·결정하는 것이 무난한 방법이다. 또한, 개개의 직원과의 면접 시에도 분담실시사항을 확인해 두는 것이 좋다.

예측이 어려운 목표를 자신 있게 제시하기 위해서는?

현재 문제점 ···?

시장이 성숙하는 시대에서 성숙안정 되는 시대로 변화함에 따라 목표·계획의 수립방법도 변화하지 않으면 안 된다.

성장기에는 최고경영자가 지시한 회사의 목표에 기초하여 관리자가 직원 개개인에게 목표를 할당하면 목표가 달성되었다.

시장이 확대되고 있었기 때문에 업계의 성공방정식에 기초하여 진행하면, 달성계획이 다소 부실하더라도 열심히 하는 것에 의해 목표는 달성되었다.

그에 반해, 성숙·안정의 시대에서는 눈앞의 상황조차도 예측이 어렵게 되었다. 잘못된 계획은 기대에 반한 결과를 초래할 뿐이다.

'안정된 사업'에서 '변동이 심한 사업'으로 변화된 경우에도 마찬가지이다. 이러한 상황에서 예측이 어려운 목표가 증가하여 관리자들을 괴롭히고 있는 것이 현실이다.

지도 포인트 ··· 🖋

1. 계획의 원점에서 되돌아본다

계획의 원점에서 되돌아봄으로써 예측이 어려운 경우의 힌트를 발견할 수가 있다. 원점이라는 것은 아래의 3가지 영역이다.

① 선행도(어디까지의 미래를 예측하여 세울 것인가?)

② 세밀함(어느 정도의 정밀도, 상세함·세밀하게 세울 것인가?)

③ 범위(전체를 세울 것인가, 일부분만 세울 것인가?)

「선행도」는 어디까지의 미래를 계획할 것인가의 문제로서 반년 후 인지, 1년 후 인지를 검토한다.

목표관리에서는 반년, 연도로 목표를 설정하고 있으므로 최단 1개월, 최장 1년이 선행도로 되어있다. 신규사업을 시작하는 때도 마찬가지이다. 해보지 않으면 알 수 없는 경우가 많이 있다.

따라서, 때로는 계획을 적당히 조밀하게 세우는 것도 필요하다. 이것이 두 번째의 세밀함이다. 3월에 목표를 설정하면 가까운 4월의 계획을 방법, 수단, 시기까지 상세하게 표시하고, 반년 이상이 지난 12월의 계획도 세밀하게 세우는 것이 필요하다.

또 하나의 영역은 「범위」이다. 얼마만큼의 목표에 대하여 달성계획을 세울 것인가의 문제이다. 이에 관하여는 각 회사의 조건에 따라 정해진 수의 목표분만큼 계획을 세우면 되는 것이다.

1. 5W2H로 계획을 구체화한다

예측이 어렵다고 해도, 달성계획을 가능한 한 구체화하는 노력이 필요하다. 구체화하지 않고 그때그때 상황에 따라 '그 시점에서 가장 적절한 방법을 취한다.'라고 한다면, 바람직한 해결방법이 나온다는 보장이 없다. 따라서 미리 계획을 구체화하는 것이 바람직하다.

구체화하는 관점은

WHY(목적)

WHAT(대상)

WHO(실시사항의 분담)

WHEN(실시 시기, 빈도, 타이밍),

WHERE(장소),

VOLUME(빈도, 정도 등)

HOW(방법, 수단, 도구)

등이 있다. 계획을 세우는 관점은 목표를 세우는 영역요소이며, 구체적으로 정리해 두는 것이 바람직하다.

2. 계획을 진행하면서 다양한 선택지를 준비한다

목표달성의 예측이 어려우므로 좌측으로 가야 할지 우측으로 가야 할지 알 수가 없는 때도 있다. 이러면 선택지가 되는 계획안을 다양하게 준비해 두는 것이 좋다.

구체적으로는 조건을 바꾸어 선택지를 작성한다. 자재부문(부서)의 목표달

성 계획에는 환율의 변동(예를 들어 1,230~1,350원)사항이 설정된 것이 일반
적이다. 설정 범위를 넘어서 환율이 변동했을 경우, 목표는 물론 계획 자체
도 변동한다. '1,400원을 넘게 되면, 구입처를 삭감한다. 단가를 재조정한다.'
등의 계획을 미리 세워두는 것이다.

3. 관리자가 지원을 확보한다

면접 시에 계획설정에 대한 관점을 제공한다거나, 선택지를 준비한다 해도
'달성이 어렵지는 않겠는가?, 상황이 바뀌면 어떻게 할 것인가?'라는 직원의
불안감이 사라진다고는 장담할 수 없다. 불안감을 해소하기 위해서는 아무래
도 목표달성 단계에 있어서 관리자의 원조가 필요하게 된다. 따라서, 목표설
정을 위한 면접 시에 관리자는 직원에게 지원을 약속하여 안심하고 목표를
진행하도록 하는 것이 중요하다.

구체적으로는 다음과 같은 예가 있다.

① 목표달성 계획에 관리자의 지원사항을 기재한다

② 계획 란에 '매월 1회 정기적으로 진척 상황을 보고한다.' 등 지원을 위한
　 만남의 장을 명시한다

"전망이 불투명해도 불안해하지 말도록!"

"함께 생각하면 반드시 방법을 찾을 수 있을 것이다. 매월 정기 보고회에
서 함께 점검해 나가자"

"확신이 서지 않는 것이 당연하다. 그러한 상황 속에서 스스로 헤쳐 나가
는 것이 중요하다. 먼저 스스로 해결책을 마련해 보도록 하기 바란다. 내가
지원해 주겠다."

면접 시의 이러한 한마디 말로 인해 직원의 불안 정도와 목표에 임하는 자

세도 변화하게 된다.

4. 계획의 구체화가 곤란하다면, 당면한 실천사항을 구체화하여 계기를 마련하다

아무리 해도 계획을 구체화할 수 없는 예도 있다. 그러한 경우에는 직면한 실천사항을 구체화하여, 계기를 만드는 것이 중요하다.

실천함에 따라 진행 과정과 결과의 정보가 들어오고, 다음 단계의 행동으로 이어질 수가 있다.

어느 관리자는 인터넷이나, 경제신문의 자료를 이용하여 동종업계의 경향을 파악하고, 타사의 활동을 모방함으로써 계기를 만들고 있다고 한다.

적자부문에서 적절한 목표를 설정하기 위해서는?

현재 문제점 ·····································?

업무를 진행하면서, 성과를 의식하는 것은 매우 중요하다. 사원의 성과의식 고양을 실현하기 위하여 목표관리를 도입하는 기업도 있다. 이것을 '인사제도접근'이라고 말한다.

한편, 성과의식을 향상하기 위하여 조직적 접근을 시도하는 회사도 있다. '사업부제도, 팀제의 도입' 등이다. 각 사업부를 하나의 회사로 보고, 손익을 명확히 하고자 하는 것이다.

매출실적과 이익이 순조롭게 증가하면 전년도를 웃돌아 목표를 설정하게 된다.

반대로, 손실이 발생하면 매출 신장과 이익을 창출하기 위하여, 경비의 효과적인 활용을 위한 활동을 촉진하게 되는 것이다. 그러나 적자가 장기간에 걸쳐 지속하면, 목표설정이 매우 어렵게 된다. 이러면, 어떠한 목표설정을 해야 할 것인가?

1. 적자체질 고유의 특성에서부터 생각한다

적자로 인해 이익이 나지 않는 만큼, 어떻게 이익을 발생시키도록 하는가
가 최우선의 과제, 목표가 된다. 적자가 지속하면 구성원의 의욕도 저하한다.

'노력했는데도 적자다.'

'아무리 해도 소용이 없다.'

등 사포사기하는 분위기로 흘러가게 되어버린다. 이러한 체질을 바꾸기
위하여, 관리자는 직원의 가치관을 전환하기 위하여 '직장 활성화'를 위한 목
표를 설정하는 것이 필요해진다.

2. 장기전망에 대한 목표작성

관리자는 부문 업적의 장기전망을 구상하고, 1년 단위의 업적목표를 설정
하여 진행해 간다.

'금년도에는 적자 폭을 축소하고, 내년에는 수지의 균형을 유지한다.'

'그다음 해는 흑자를 달성한다.'

라는 전망을 제시하는 것이다. 그렇게 함으로써 직원에게 있어서는 비록
적자 상황일지라도 그 의미가 달라진다. 3년 후의 흑자를 향하여 희망의 불
빛이 보이게 되는 것이다.

3. 조직적으로 대응한다

적자를 해소해 가기 위해서는 조직구조를 재편하여 간접부문의 인사를 영
업부문에 배치한다거나, 중점과제를 완수하기 위하여 프로젝트팀을 설치하
는 것도 필요하다. 즉, 경영자원을 집중시켜 보다 큰 효과, 효율을 올리기 위

해서는 조직의 움직임이 제각각이 되어서는 안 되며, 전체가 하나가 되어 조직적으로 움직여야 한다.

실천 포인트 .... ♣

1. 적자 폭을 줄이기 위한 목표를 설정한다

적자가 되면 흑자목표를 반드시 설정하여야 하는 것은 아니다. 앞에서 언급한 바와 같이 흑자전환의 장기전망을 바탕으로 중간지점에서 적자 폭을 축소하는 목표를 설정하는 때도 있다. 인원을 강제로 삭감하여 무리하게 흑자로 만들면, 오히려 경영 체질의 약화를 초래할 수도 있다.

2. 장기전망을 제시하고, 중간목표를 설정한다

1년 만에 적자가 해소되는 예도 있지만, 금액이나 경영체질에 따라서는 수년(4~5년)이 걸리는 예도 있다. 그러한 경우에는 관리자가 연도마다 손익계산서, 대차대조표를 작성하여 수익구조를 전환하기 위한 장기비전을 구상하지 않으면 안 된다.

즉, '5년 후에 매출, 이익, 원가를 어느 정도까지 만들어 흑자를 달성한다.' 라는 수치기준의 시나리오를 작성하는 것이다.

또한, 5년 후의 목표 수치를 달성하기 위하여 부문 전체에 대한 달성계획을 구상하여야 한다. 그러한 구상을 기초하여 1년 단위의 수익수치 달성계획을 정식으로 만들고 목표를 설정한다.

3. 목표설정을 구성원이 참여하여 집단검토방식으로 진행한다

적자를 줄이기 위해서는 경영자원을 집중시키는 것이 정석이다. 마찬가지로 조직의 목표설정 또한, 구성원들의 에너지를 집중시킬 필요가 있다. 그렇게 하기 위해서는 실시계획단계에서 구성원 간의 공유화를 촉진하면서 진행해야 한다.

목표를 공유함으로써 다음과 같은 장점도 있다.
① 같은 부문에서 같은 과제에 착수하는 업무의 중복을 피할 수 있다
② 유사시, 누구에게 물으면 무엇을 알 수 있는지가 명확해진다
③ 위기감을 가진 구성원이 위기감이 없는 구성원에게 영향을 미친다

설정 단계에서의 목표분담은 그 후의 진행 과정에서도 바람직한 현재 문제점을 발생시켜, 구성원의 상호 연대를 끌어내는 예도 있다.

집단토의방식의 내용은 다음과 같다.
① 관리자 이하 전원이 모인다
② 검토 시간은 반나절 이상~2일 정도로 한다
③ 사업부장 또는 과장이 선도한다
④ 목적은 다음 연도의 목표, 계획의 작성·결정으로 한다

구체적인 진행방식의 순서는 아래와 같다.
① 관리자가 연도 부문 방침을 제시한다
② 그 근거가 되는 환경변화와 영향을 전달한다
③ 연도 방침을 진행함에서 장해, 문제, 그 원인을 검토한다
④ 문제를 상정·선정한다

⑤ 달성해야 할 성과·수준과 시기를 결정한다

⑥ 달성을 위한 수단·방법을 찾아낸다

이상의 방법은 필자가 권유하는「과제구성챠트」에서 시도해 보기 바란다.

4. 적자 탈출의 필요성을 이해시킨다

관리자는 조직의 구성원에 대하여 적자 탈출의 필요성을 이해시키는 것이 선결 과제이다. 적자 지속이라는 "악(惡)"은 적어도 다음의 2가지 점으로 집약된다.

① 기업이 사회의 대중기관으로서, 세금을 낼 수가 없다

② 사원에 대한 임금, 상여 등의 노동분배율이 저하되고, 노동의욕을 떨어뜨린다

최악의 경우는 사업의 폐지를 의미하며 직원의 직장을 박탈하는 결과를 초래한다. 특히, 성장기와 달리, 경기 저하기에 있어서 '건전한 적자부문'이란 의미가 없다.

5. 목표달성관리는 빈번히 하고, 목표달성 상황을 구성원 간에 공유한다

달성관리 단계에서도 조직적으로 대응해 나가는 것이 중요하다. 목표달성을 위하여 구성원 상호 간에 목표달성 현황을 공유하도록 한다.

달성관리 단계에서 아래의 사항을 공유할 수가 있다.

① 잘하고 있는 점「성공 노하우」

② 잘못했던 점, 실패한 경험「유비무환」

③ 의문점 : 분명한 점「선취문제」

④ 다음 달의 수정계획 「계획 시점」

⑤ 이상을 바탕으로 「상호 조언」

조직의 지혜를 결집해 적자를 극복하는 경영방식은 목표관리에서도 필요한 것이다.

구조조정으로 인해 침체한 직장을 활성화하기 위해서는?

현재 문제점 ···?

경기 저하기에 있어서 업무 효율화에 관한 목표는 빼놓을 수 없는 항목이다. 업무를 효율화하여 낭비를 없애고, 생산성을 향상하는 것은 바람직하지만 사원에게 정신적인 피해(지나치게 절감만을 강조한 나머지 융통성 상실, 조직에 대한 불신감 증대, 장래에 대한 희망의 상실 등)를 가져다줄 수도 있다.

이와 같은 직장의 침체 분위기를 극복하고, 활성화하기 위해서는 어떠한 목표를 설정해야 할 것인가?

지도 포인트 ··

1. 효율과 창조의 양면에서 목표를 설정한다

기업인 이상 생산성 향상은 끊임없이 요구된다. 매년 변함없이 「업무의 효율화」, 「생산성의 향상」이 조직의 목표로 설정되고 있다.

생산성은 '생산량, 업무, 업적(OUT PUT) ÷ 투입량, 자원, 시간 등(IN PUT)'

으로 표시된다.

생산성을 높이는 데는 두 가지 방법이 일반적으로 알려져 있다. 하나는 OUT PUT을 일정하게 유지하고 IN PUT을 줄이는 방법이다. 부문의 업무를 그대로 두고 인원을 감축하는 것이 이런 형태이다. 경기 저하가 지속할 때 채택되는 방법이다.

또 하나는 일정의 IN PUT으로 OUT PUT을 끌어올리는 것이다. 인원을 늘리지 않고 업무의 생산성을 높여, 한 사람 한 사람의 질·능력을 향상함으로써 업무의 처리 능력을 높이고, 생산성의 향상을 지향하는 것이다.

전자의 경우는 지나친 효율화에 의해 직장풍토도, 구성원의 기분도 씨폐해질 수 있다. 따라서 후자의 방식으로 접근하는 것이 중요하다.

2. 반대 목표로 경영의 균형을 유지한다

매년 제시되는 목표는, 경영의 중점사항으로써 관리자가 조직목표로 설정하거나, 그와 관련되는 목표들을 직원에게 배분하게 된다. 이들 목표에는 작용과 반작용을 일으키는 것이 있다.

예를 들어, 직원의 지도·육성에 힘을 기울여 조직 구성원의 능력을 개발하고, 창조성을 높이기 위해서는 상사·직원 쌍방의 상당한 노력이 요구된다. 그만큼, 당면의 업무 생산성은 포기해야 하지만 그렇게 함으로써 직원이 성장하고, 장래의 생산성 향상이 약속되는 것이다.

이러한 교환의 관계가 있으므로, 양자를 주시하면서 목표를 진행하는 것이 매우 중요하다는 사실을 알 수 있다. 이러한 교환 관계를 바탕으로 설정하는 목표를 「반대 목표」라고 한다.

.... ♣

1. 구성원 전원이 공유할 수 있는 직장 활성화 목표를……

지나친 업무 효율화로 인해 직장풍토가 피폐하게 되면, 구성원 간의 신뢰가 흔들리게 된다. '다음은 내가 해고되지 않을까?, 필요 없는 부문(부서)에 배치되는 것은 아닐까?' 등의 걱정들이 쌓이게 된다. 또한, 효율화로 인해 업무에 여유가 없어지고, 직장풍토의 악화에 박차를 가하게 된다. 이러한 상황 속에서 계속하여 효율화를 진행하는 것은 곤란하며, 구성원 간의 신뢰 관계를 회복시키는 것이 급선무이다.

신뢰 관계를 회복시키기 위해서는 서로가 의사소통을 도모하고, 함께 손잡고 실천할 수 있는 목표를 설정하는 것이 핵심이 된다.

어느 대기업에서는 구조조정에 의해 인원이 삭감된 후, 관리자가 「업무 정보의 공유화를 위한 구조조직」이라는 목표를 설정하였다.

특별히 새로운 내용의 목표가 아니라, 서로가 실시하고 있는 업무를 매월과 내 회의를 통해 현재 업무의 진행방법이나 문제점, 개선사항을 발표하고, 서로가 조언을 교환하였다. 이러한 방법으로 이해를 서로 넓혀 간 것이다.

업무 내용이나 고민을 분담함으로써 신뢰가 회복되고, 서로의 업무를 도와줄 수가 있게 되고 생산성도 향상시킬 수가 있었다는 것이다.

효율화를 도모하기 위하여 IN PUT양을 삭감시키는 것도 중요하지만, 더 멀리 보면 어느 시점에서는 반대 목표를 설정하는 것이 바람직하다.

2. 아웃소싱에는 기술계승 목표를 설정한다

같은 효율화를 진행에도 또 다른 접근 방법이 있다.

정사원이 퇴직한다거나 새로운 인원 보충이 필요하게 되었을 때, 보충하는 인원을 사외에서 찾는 것이다. 즉, 파견사원에 위탁하거나 외부업자에게 위탁함으로써, 정사원보다 싼 인건비로 억제한다는 것이다. 이것을 '아웃소싱'이라고 한다.

어느 회사에서는 규제 완화에 대응하기 위하여 지금까지 사내에서 실시하고 있던 설비공사·보수 등을 외부업자에게 위탁하게 되었다. 당초에는 공사·보수의 비용도 삭감하고 기대했던 효과를 높일 수가 있었다.

그러나, 1~2년이 지나자 기술자의 기능 저하가 현저하게 나타나기 시작하였다. 공사나 보수를 외부에 위탁하였기 때문에 사내의 기술자에게 기능을 계승하는 현장경험을 축적하게 할 기회가 없어진 것이다. 따라서 아웃소싱의 역효과를 최소화하는 「설비투자억제에 따른 설비 운용강화, 외주 때문에 노하우 전수에 차질이 초래되는 기술에 대한 계승」을 반대 목표로서 설정한 것이다.

기업에 따라서는 자사의 핵심이 되는 기술을 축적할 수 있는 업무에 대하여는, 설령 비용이 들더라도 외부에 위탁하지 않고, 사내에서 실시하고 있는 곳도 있다.

3. 매상, 이익목표에는 미수금회수목표를 설정한다

반대 목표는 부분에 따라 반드시 설정되는 것도 있다. 영업부문에서 빈번하게 설정되는 목표가 있다. 「미수금의 회수율 향상」이 그것이다. 영업담당자에게 반드시 설정되는 '매상, 이익목표'를 추구하다 보면 거래처의 여신관리는 아무래도 우유부단하게 된다. 이 때문에 당면의 매상·이익은 증가하였지만, 회수되지 않는 문제가 발생한다. 회수지연이 채권동결에 이르면 손실을 초래하는 결과가 되어 이익이 저하된다. 따라서 반대 목표로써 미수금회수의 목표가 설정되는 것이다.

이외에도, 제조부문에서는 '납기 단축'에 대한 '품질향상' 등의 목표를 설정하고 있는 기업도 있다.

PART 4

목표달성을 위한 효율적인 관리업무

설정된 목표를 직원에게 이해시켰다고 해서 반드시 달성된다는 보장은 없다. 생각지 못한 돌발업무에 휩쓸려 달성계획이 소홀해지는 경우도 있다.

또한, '자기통제'라는 이념아래 직원에게 맡기려고 했던 것이 오히려 '방임관리'라는 결과로 나타나 달성계획에 차질이 생기는 경우도 있는 것이다.

관리자는 이와같이 직면하는 문제의 원인을 파악하여 목표달성을 향하여 직원을 이끌어 가야만 한다. 어떠한 형식으로 면접을 하고, 지도할 것인지 미리 「지원기준」을 설정해 두는 것이 핵심과제가 된다.

그렇게 함으로써 신규사원과 중간사원 등 개개인의 사정·특성에 맞는 목표달성관리가 가능해 진다.

Question 01

목표관리를 어디까지 직원에게 위임할 것인가?

현재 문제점 ⋯⋯⋯⋯⋯⋯⋯⋯⋯⋯⋯⋯⋯⋯⋯⋯⋯⋯⋯⋯⋯⋯?

목표관리를 진행에서 상사도 직원도 목표설정에 에너지의 반 이상을 투입하게 된다.

- 도전적인 목표인가?
- 수준은 적정한가?
- 달성기준은 명확한가?
- 성과는 창출할 수 있을 것인가?
- 달성계획은 구체적인가?

등으로 관리자는 목표와 계획을 직원이 이해할 수 있도록 선도해 나가야 한다. 그런데, 목표달성을 위한 진행 과정에서 직원에게 맡겨버리는 경향이 있다.

'달성을 향하여 자네가 노력하는 방법밖에 없네!'

'아무튼, 자네의 노력을 기대하네!' 등

'자기통제'라는 핑계로 직원의 자주성에 위임하게 된다. 만일 직원이 의기 충천하여 일을 진행해 준다면 문제가 되지 않는다.

그러나, 평가할 시기가 되어, 그동안 서랍 깊숙한 곳에 내버려 두었던 목표계획서를 황급히 꺼내어 부실하게 완료시키는 구성원도 있다. 이러한 문제를 방지하기 위해서는 어떻게 직원을 지도해 나가야 할 것인가?

지도 포인트

1. 목표달성책임의 자각과 상사지원의 균형

우선, 목표를 달성하는 직원 본인에게 책임을 자각시킨다. 그다음에, 관리자가 어느 정도를 지원할 것인지를 결정하는 것이다.

'목표를 달성하면서 문제가 생기면, 관리자는 반드시 지원해 줄 것이다. 그것이 관리자의 역할이다.' 이러한 생각을 직원이 가지고 있다면 관리자는 직원의 그러한 생각을 제거해야만 한다.

2. 목표달성을 지원할 관리자의 여력 충전

관리자가 목표달성을 지원하기 위해서는 그만큼의 "여력"이 필요하다. 잔업 등의 노동력 강화가 아닌 업무의 재검토라든가 재구성으로 여력을 창출하여, 관리자 자신이 여유를 가지고 직원의 목표달성지원에 임하는 것이 중요하다.

실천 포인트

1. 관리자의 영향력 발휘와 도구로 목표달성의식을 자극한다

목표설정 후 일상업무에 몰입하다 보면 설정한 목표가 의식 속에서 사라져 버리고 만다. 여기서부터 유능한 관리자와 그렇지 못한 상사 사이의 행동패턴에 차이가 나타나는 것이다. 유능한 관리자는 기회가 있을 때마다 직원에게 자연적으로 의식되도록 영향력을 발휘하는 것이다. 일상의 업무보고에서 직원이 진행하는 목표를 화제로 한다거나 업무일지에 "○○군이 다루고 있는 효율화는 타 부문에서도 적극적으로 진행하고 있습니다. 열심히 노력하기 바랍니다."라고 자극을 주며, 달성을 향하여 지도해 간다.

이외에도, 회의나 면접에서 진행 상황을 직접 확인하는 방법도 있을 것이다. 도구를 활용하여 직원에게 목표를 의식하게 만드는 관리자도 있다. 그중에는 웹상에서 전체사원의 목표를 검색할 수 있도록 하는 관리자도 있다고 한다.

어쨌든, 관리자의 문제의식에서 미세한 행동의 차이가 확연한 효과의 차이를 나타낸다는 것이다.

2. 관리해야 할 목표를 한정한다

목표달성관리를 관리자가 효과적·효율적으로 진행하기 위해서는 모든 목표를 대상으로 하는 것이 아니라 지연되고 있는 목표, 계획대로 진행되고 있는 목표, 난관에 봉착한 목표, 즉 직원이 지원을 바라고 있는 목표에 한정하는 것이다. 또한, 미리 달성현황을 보고서로 정리해 두는 것도 효율적으로 진행하려는 방법이다.

3. 지원기준을 설정하고, 직원과 모임의 기회를 만든다

목표달성을 위하여 어느 정도의 빈도로 직원과 만남을 가지며 지도해 갈 것인가는 쉽게 판단이 서지 않는 사항이다. '신규사원인 A 사원에게는 자세하게 지도해 가는 방법이 좋지만, 중간사원인 B에게는 본인의 자주성에 위임하고 자립적으로 임하도록 하는 것이 좋다.'라는 식으로 직원의 성숙도에 맞추어 지도하고자 할 것이다.

그 사람의 성숙도에 맞는 지도를 하기 위해서는 지원기준을 개개인에 따라 설정하여야 한다. 즉, '어떨 때, 어느 정도의 빈도로 직원과 만나고 지도해 갈 것인가?'를 기준으로 설정하는 것이다.

지원기준에는 다음의 두 가지가 있다.

① 주기 기준(월 1회 등 빈도로 설정하는 기준)

② 상황 기준(2개월 이상 지연되는 경우 등, 특정의 상황으로 설정하는 기준)

지원기준의 예

구분	상황	주기	지원
신규사원	• 본인으로부터 요청이 있는 경우 • 문제가 생겼을 경우 • 불명한 사항을 발견했을 경우	월 1회 주 1회 3일 간격 격주 1회	※자세히 정중하게
일반사원	• 자신의 판단에 불안을 느꼈을 경우 • 문제가 발생하여 스스로는 해결이 곤란한 경우	월 1회 2개월에 1회 6개월에 2회	※적당히 거리를 두고
중견사원	• 문제가 발생하여, 스스로 해결이 곤란한 경우	2개월에 1회 6개월에 2회 6개월에 1회	※맡겨두는 쪽으로

4. 장기적으로는 직원의 성장 정도에 맞추어 단계적으로 거리를 둔다

긴 안목에서 보면, 당장은 세세한 지도가 요구되는 직원도 성장 정도에 맞추어 단계적으로 거리를 두는 것이 필요하다.

가령, 현재는 관리자의 지도가 없으면 담당업무를 할 수가 없는 직원을 격주마다 지도하고 있었다고 하자. 1년이 지나 담당업무도 혼자서 감당할 수 있게 되면 월 1회로 줄어들게 되는 것이다.

마시막에서는 직원 본인에게 위임하고, 본인이 신청하지 않는 이싱 지도를 하지 않게 되는 것이 이상적이다. 그렇다고 하여 직원에게 위임한 상태에서 내버려 두어서는 안 된다. 어떠한 방법으로든 파악해 두는 것이 필요하다.

5. 관리자 자신의 업무를 효율화한다

관리자는 직원을 지원할 시간을 확보하지 않으면 안 된다. 불필요한 업무를 없애고, 관리자 자신의 업무를 효율화할 필요가 있다.

우선, 관리자의 활동 중에서 비중이 높은 회의, 면접, 자료작성의 3가지에 메스를 가해 「시간 단축」, 「빈도삭감」, 「방법의 간소화, 변환」의 관점에서 재점검한다.

경영활동의 효율화는 목표관리에 역행하는 듯 보이지만, 관리자의 업무는 제한이 없으므로 강화와 동시에 효율화도 필요하다.

거래처의 도산 등 환경변화를 극복하기 위해서는?

- '설정한 목표가 사라졌다.'
- '주요거래처와의 확고한 관계유지를 목표로 했는데, 도산해 버렸다.'
- '환율시장의 변동으로 자재구매비용 절감의 목표달성이 곤란해졌다.'

위와 같이 기업을 둘러싼 환경의 변화로 설정한 목표의 달성이 불가능해지거나 목표 자체가 사라지는 경우가 있다. 직원이 이러한 상황에 직면했을 때 관리자는 어떻게 직원을 지도해 나갈 것인가?

지도 포인트 ···

1. 변동 시점에서의 평가, 설정

목표의 변동요인이 발생한 시점에서 당초의 목표를 평가하고, 새로운 목표를 다시 설정한다.

2. 변동의 원인을 명확히 한다

아울러, 목표가 변동된 원인을 명확히 하고, 요인에 따라 바람직한 방향으

151

로 목표를 재설정 한다. 그 경우, 변동의 배경에는 어떠한 사항이 있으며, 직장의 업무·목표가 어떻게 변동하였는가를 파악해 두는 것이 필요하다.

실천 포인트 .... ♧

1. 변동이 당연하다는 것을 설명한다

경제신문을 보면 'A사 하반기계획 하향수정', 'B사 연도경영계획을 재평가하고 구조조정을 진행한다. 또한, 설비투자 계획은……'이라는 내용을 빈번히 찾아볼 수가 있다.

목표계획의 변경은 기업이 환경변화를 받아들이고 살아남기 위하여 불가결한 것이다. 이것을 관리자는 직원에게 설명하고 "B사원의 목표, 계획의 변경도 우리 부문(부서)에 있어서 필요한 것이다."라고 이해시키는 것이 중요하다. 일상의 업무에서 생기는 변화를 예로 들어, 다음과 같은 조언을 하는 것도 가능하다.

"경쟁자 C사가 신제품의 발매를 앞당겼기 때문에 우리도 그에 맞추어 신년도 투입제품을 급거 금년도로 돌렸다. 따라서, 구제품 N을 시장으로부터 철수시켰으므로 N의 판매목표는 없어진 것이다. 만일, 설정한 목표를 고집하였다면 어떻게 되었겠는가. 당초의 설정대로 N제품을 계속하여 판매시켰다면 업적은 확실히 적자가 되었을 것이다. 목표를 변경하는 의미를 한 번 더 확인하고, 새로운 목표를 설정하기 바란다."

2. 변동원인을 명확히 하고 새로운 목표설정의 배경을 이해시킨다

어째서 목표가 변동되었는가, 그 변동원인을 명확히 하여야 한다. 그 원인에 따라 대응 수단을 마련해야 하기 때문이다.

목표가 변동되는 경우에는 아래와 같은 원인이 있다.

① 순환근무제·이동

② 고객의 변화(고객의 사정에 의한 주문변경, 거래중지 등)

③ 상위부문의 목표·방침·계획변경

④ 내외의 환경변화(법률, 세법의 개정, 신설, 고객수요의 변화, 회사의 인사 구조, 인사관리제도의 변경, 조직의 개편 등)

각각의 요인에 따라 수단을 변경해야 한다.

3. 변경 시점에서의 목표달성 정도를 평가한다

변동된 시점에서 목표가 소멸해 버리는 예도 있다. 따라서, 그 시점에서 당초의 목표달성 정도를 평가하고, 명확히 해야 한다. 물론 그 결과의 근거가 되는 증거를 직원에게 준비하도록 한다.

평가의 증거라는 것은 달성한 성과를 나타내는 근거이며, '데이터, 설문조사, 자료·메모, 자격시험, 사진, 참가·동행, 현물' 등의 7가지 형태가 있다. 상세한 내용은 Part 5 참고하기 바란다.

4. 목표를 재설정 하고, 달성계획을 구체화한다

새롭게 목표를 재설정할 필요가 있다. 예를 들어, 다른 부문으로 이동한 직원의 목표달성 결과를 이동 전의 직장관리자가 확인, 평가하고 이동한 부문의 관리자가 다시 개정된 목표를 세우도록 하는 것이다.

기업에 따라서는 기간에 발생한 중점과제를 추가목표로 인정하고 있는 곳도 있다. 독자 여러분은 자사의 규칙에 따라 실행하기 바란다.

5. 변동요인에 따라 목표·계획을 수정한다

목표를 다시 설정한다고 거기서 끝나는 것은 아니다. 변동요인에 따라 적절한 목표와 계획도 수정하는 것이 중요하다. 대표적인 변동요인으로는 설정해야 할 목표와 정립해야 할 계획의 핵심사항 등이 있다.

☑ 순환 근무

순환근무제를 시행한 경우, 새로운 업무에 종사하는 자체가 목표가 된다. 「업무의 체계적인 이해」 등이다. 평가의 여부를 떠나, 업무를 이해하는데 적어도 반년 정도는 시간이 걸린다고 보아야 한다.

체계적인 이해를 위해서는 아래와 같은 실천계획을 세우는 것이 정석으로 되어있다.

① 업무분장규정 등을 이용하여 직장업무의 전체적인 흐름을 이해한다
② 업무의 전체적인 흐름을 업무진행표 등을 이용하여 시각적으로 이해한다
③ 업무분담표 등을 이용하여 직장 내의 업무분담상황을 이해한다

☑ 거래처의 변경

영업의 경우, 거래처가 바뀌는 경우가 있다. 거래처의 변경에 따라 매출, 이익, 미수금 회수목표 등이 변하게 된다. 다른 거래처와 균형을 맞추어 수치 목표를 조정해야 한다. 또한, 계획작성에서는 아래와 같은 계획을 구체화하기 바란다.

① 담당 거래처의 세부자료를 파악한다
② 과거의 거래내용에 상관없이 거래처 수요를 재조사한다

직원의 목표달성지도와 육성을 함께 할 수 있을까?

현재 문제점 ....?

입사한 지 얼마 안 된 신규사원, 입사 1~2년 차의 사원도 목표관리의 대상이 되고 있다. 관리자의 지도로 목표는 설정하였지만, 달성단계에서 문제에 부딪혀 어찌할 바를 모르는 신규사원과 초급사원도 적지 않다.

관리자에게 있어서 신규사원들은 '손이 많이 가는 존재'이며 조직 전체의 목표달성을 향해 지도시간을 늘려야 하는 것이 현실이다.

또 한편으로는 조직 전체의 목표달성을 위하여 다른 중요한 사항을 진행해야 할 시간도 확보하지 않으면 안 된다.

'신규사원의 지도를 우선해야 할 것인가?, 아니면 부문(부서)의 중점사항을 우선해야 할 것인가?' 고민하게 된다. 이러한 딜레마를 해소할 방법은 없는 것인가?

1. 장래의 자립을 전제로 목표달성 지도의 에너지를 조절한다

관리자의 업무는 조직목표달성을 향해 구성원을 지도해 나가는 것이다. 하지만, 관리자의 시간 자원은 한정된 만큼, 모든 신규사원·초급사원에게 투입한다는 것은 불가능하다.

조직 전체의 과제를 지원하면서 신규사원·초급사원을 지도할 시간을 확보하기 위해서는 업무의 최우선 순위를 정하여 두는 것이 중요하다. 초급사원에 대하여는 자신의 자립을 촉진하고, 혼자서도 할 수 있도록 서서히 업무를 위임해 간다. 신규사원·초급사원이 중견급이 되어 현장을 지탱하는 인재가 되는 시기에는 상사에게 있어서 믿음직한 존재가 될 것이다.

최종적으로는 직원이 자신의 힘으로 목표를 달성하는 것이 중요하며, 그것이 목표관리의 이념인 「자기통제」를 실천하는 것으로도 이어진다.

1. 지원기준을 설정하고 만남을 정기적으로 한다

우선 지원기준을 설정하고 정기적인 만남의 시간을 확보한다. 신규사원·초급사원인 만큼 목표달성에 대한 불안감도 큰 것이다. 그러한 불안감을 조금이라도 덜게 하기 위해서는 '유사시에는 관리자가 지원할 것이다.'라는 보증이 필요한 것이다. 언급한 바와 같이 지원기준에는 주기 기준과 상황 기준의 두 가지가 있다.

직원과 만남을 정기화하기 위해서는 주기 기준에 따라 직원과 목표설정 단계에서 정해두는 것이 좋다. 기업에 따라서는 일률적으로 3개월에 한 차례로 정하고 있는 곳도 있지만, 신규사원·초급사원과 같은 구성원에 대하여는 융통성 있게 기준을 설정하는 것이 바람직하다.

2. 지도와 육성의 수단과 방법을 다양화한다

상사에게 정기적으로 지도를 받는다면, 직원에게 있어서는 이보다 더 바람직한 것이 없다. '혼자서는 목표를 달성할 수 없지 않을까?' 하는 불안도 해소되고, 적극적으로 업무에 임할 수 있다.

한편으로 관리자는 부담이 되고, 업무가 증가하는 반면, 정기적으로 직원의 목표달성 현황을 파악할 수 있다는 장점도 있다. 하지만, 한정된 시간 안에서 융통성을 발휘하여 직원을 지원하는 만큼, 시간의 효율적, 효과적인 사용방법을 고안하지 않으면 안 된다. 때에 따라서는 당초 약속한 만남을 지키지 못하게 되기 쉽다.

이러한 일이 발생하지 않도록 목표달성의 지도방법은 면접에 구애받지 않고 다양화하여야 한다. E-mail이나 일보, 과내모임 등을 활용하는 것이 바람직하다.

신규사원·초급사원에게 있어서 중요한 것은 '나에게 관심이 있다. 무슨 일이 생기면 도움을 받을 수 있다.'라는 상사와의 관계를 구축하는 것이다. 따라서, 방법이 면접이냐 아니냐는 문제가 되지 않는다.

3. 자립을 촉진할 수 있도록 스스로 해결하게 한다

만남을 정기화하여 신규사원·초급사원의 불안을 해소하는 것이 무조건 좋은 것만은 아니다. 한편으로는 직원에게 안이한 의존심이 생기게 하는 예도 있다.

'문제가 생기면 과장에게 상담하면 된다. 적당히 해두자!',

'직원이 할 수 없는 일을 지원하는 것이 관리자의 업무다. 나에게는 권한도 없으며, 과장에게 해결하도록 하겠다.'

등 쉽게 상사에게 의존하고, 스스로 해결하려는 노력은 하지 않게 된다. 이렇게 되면 직원은 중간사원으로 성장할 수 없으며 자립하는 능력을 잃게 된다. 이러한 일이 생기지 않도록 관리자는 직원에 대하여 영향력을 발휘하는 방법을 고안할 필요가 있다.

자립을 촉진하기 위해서는 직원이 질문해올 때 반드시 직원에게 해답을 작성해보게 시킨다는 것이다.

"과장님, 이것이 잘 안됩니다. 어떻게 해야 합니까?"

"그런 경우에는 이것은 이렇게 하고……"

라는 식으로 직원의 질문에 안이하게 대답하는 것이 아니라

"자네의 생각은 어떤가? 자네의 의견을 듣고 싶군. 잘 모르겠거든 내일까지 1장이라도 괜찮으니 보고서에 자기 생각을 정리해서 제출하기 바라네. 그러고 나서 함께 검토해 보도록 하지!"

라고 직원이 해결책을 생각해보도록 지도하는 것이 중요하다.

4. 상호 간의 거리를 서서히 떨어뜨린다

직원이 스스로 해답을 찾아 목표에 임하도록 선도해 가는 것은 목표관리에만 한정되지 않는다. 일상업무에서도 해당하는 사항이다. 어느 기업의 관리자가 자신의 직원을 자립형 사원으로 개선하기 위하여 같은 시도를 하였다.

그중에서 가장 변화된 것은 무엇인가? 라고 물어본 결과, 다음과 같이 대답하였다.

"서로 거리를 두는 것에 대하여 처음에는 '과장은 냉정하다.'라고 생각했는데, 후에 직원이 스스로 해결책을 찾게 되었을 때는 '과장은 우리를 신뢰하고 일을 맡긴다.'라고 의식이 바뀌었다는 것이다. 즉, 직원 자신의 업무에 대해 접근하는 자세가 가장 변화하였습니다."

중요한 것은 단순히 손을 쓰는 것이 아닌, 신규사원·초급사원의 자립을 위하여 거리를 서서히 떨어뜨려 가는 것이다.

「월 1회의 정기면접을 2개월에 1회로 한다」,

「직원이 도움을 요청하지 않으면 지원을 보류한다」 등의 지도방침 전환이 필요하다.

목표달성에 차질이 발생한 직원에 대한 지원은?

현재 문제점 ···?

직원과 목표 및 계획에 관한 사항을 면접에서 합의한 후 목표를 설정하여도 달성한다는 보장은 없다.

'당초의 달성계획이 안이했다.'

'목표의 수준이 너무 높았다.'

'목표의 최우선 순위가 낮았다.'

'우선해야 할 목표·업무가 따로 존재했다.'

등의 이유로 달성에 차질이 생기는 경우가 있다. 이유가 어쨌든 '차질이 발생해도 걱정할 필요는 없다. 기한까지 3개월 남았다. 지금부터 다시 하면 된다.'라고 안이하게 받아들이는 직원이 있다고 한다면 달성하지 못할 거라는 염려가 생기게 된다.

이것이 중복되면 당 연도의 중점사항을 목표로 설정하여 조직과 개인의 성장·발전을 도모한 것이 공염불이 되고 만다.

어떻게 대처해야 할 것인가?

지도 포인트

1. 지체되는 원인을 파악하고 대책을 마련한다

먼저 지체되는 원인을 파악하고, 대책을 마련하는 것이 최우선이다. 원칙적으로 설정한 목표를 달성한다는 것이 전제된다.

2. 스스로 자립한다는 것을 전제로 지원을 한다

직원이 스스로 업무를 진행한다는 것을 전제로 관리자가 도움을 준다. 이것이 바로 리더의 역할인 것이다.

실천 포인트

1. 관리기술을 활용하여 원인을 규명하고, 대책을 수립한다.

달성계획을 실행하고, 예상과 달리 성과가 향상되지 않으면 지체·미달의 원인을 명확히 하고 달성을 위한 대책을 수립하는 것이 필요하다.

예를 들어, '특성요인도, 라든가 '친화도법' 등을 활용하는 것도 좋은 방법이다.

2. 목표의 최우선 순위를 끌어올린다.

다음으로 목표의 최우선 순위를 끌어올리는 것이다. 그러나, 최우선 순위를 끌어올린다는 것이 "목표의 구성순위를 바꾸기 바랍니다."라고 관리자가 지시한다고 해서 간단히 정리되는 문제도 아니다. 직원에게 있어서는 그 외의 중요한 목표·문제가 있으므로 그것들을 포함한 업무실천계획 전체를 재검토할 필요가 생기게 된다. 구체적으로는 직원의 실천계획표를 재검토하도록 하거나 신규로 작성하도록 하여 자신의 목표·업무 전체의 일정표를 파악할 수 있도록 하는 것이다.

3. 목표달성을 전제로 지원을 한다.

기한이 다가오는데 목표달성이 진척되지 않아, 관리자가 지원하지 않으면 달성을 할 수 없는 목표도 있다.

'목표를 달성하는 것은 본인이다. 관리자가 관여하는 것은 바람직하지 않다.'라고 생각할 수도 있다.

개인의 능력개발목표라면 모를까 업무와 관련된 중점목표를 방관하는 것이 바람직할까? 역시, 관리자의 지원이 필요하다.

지원에는 다음과 같은 방법이 있다.

① 실행지원(관리자가 직접 직원을 대신하여 수행한다)

② 정보지원(직원에게 필요한 정보를 수집·제공한다)

③ 예산지원(직원에게 필요한 예산을 획득한다)

이 중에서 실행지원에 의한 뒷받침은 항상 필요하다.

4. 본인의 자립추진을 전제로 지원한다.

기한까지는 시간적인 여유도 있으며 '직원에게 일정의 동기가 부여된다면 자조 노력으로 달성할 수 있다.'라고 예측할 수 있는 예도 있다. 그 경우에는 직원 스스로가 진행하도록 지원하는 것이 중요하다.

지원할 시에는 다음의 사항을 주의한다.

① 관리자가 직접 관여하기보다는 직원이 생각하고, 실천하는 것을 우선한다

② 해답을 알려주기보다는 해답을 찾을 수 있는 힌트의 제공을 우선한다.

③ 지시, 원조보다는 조언의 관리 활동을 우선한다

직원의 자립을 추진한다는 것은, 뭐든지 관리자가 관여한다는 것이 아니다. 자립추진을 통하여 직원 자신의 능력향상, 끝까지 완수해 나가는 책임감의 양성, 그리고 실적을 달성하고 자신감을 느끼게 하는 것이다.

목표업무 외는 하지 않는 직원에 대한 대처법은?

현재 문제점 ···?

목표관리를 도입하면 빈드시 장점과 함께 단점도 생기게 된다. '면접이 의무화되어 상하 간에 의사소통이 좋아졌다. 중점목표를 정함으로써 직장의 중점화 지향이 높아졌다. 관리자의 직원 지도력이 향상되었다.' 등의 장점이 발생한다.

반면, '목표를 설정하는 데 따른 면접시간이 증가하여, 오히려 바빠졌다. 목표계획작성의 업무부담이 증가했다.' 등의 단점도 있다.

직원을 지도하면서, 관리자의 머리가 복잡해지는 것은 목표 이외의 의뢰사항들을 직원이 거절하는 경우이다. "바빠서 목표 이외의 일은 할 수가 없습니다. 저는 연초의 목표에 따르겠습니다. 목표 이외의 일은 평가에 반영되지 않으므로 거절하겠습니다." 등의 이유를 붙여서 상사로부터의 요청을 거절하는 일이 있다.

특히, 목표를 그대로 평가에 반영하고 있는 경우에는 더욱 심각하다. 상사로서도 이해할 만한 지도력 발휘가 어렵다. 이러면 어떻게 대응하여야 할 것인가?

지도 포인트 ··

1. 일에 대한 본래의 자세에는 목표 이외의 것도 포함된다는 사실을 이해시킨다

'자신의 목표만 잘하면 된다.'라는 직원의 인식은 매우 잘못된 것이다. "목표 이외의 담당업무도 착실히 수행하는 것이 업무에 대한 본연의 자세이다."라고 직원에게 설명하고, 추가업무도 직무의 일환이라는 것을 이해시켜야 한다.

담당자의 직무로서 기대되는 인사고과의 항목에는 '책임성'이 있다. 일반적인 정의는 '자신의 직무 범위를 끝까지 완수하고 있다.'라고 되어있다.

이러한 직무는 초기에 범위를 특정할 수 있는 예도 있지만, 현실적으로는 연간을 통하여 범위가 확대되는 경우가 적지 않다. 따라서, 추가업무의 분담도 요구되는 것이다. 자사의 고과 기준 등도 활용하는 것이 좋다.

2. 목표달성을 위한 융통성을 창출한다

직원이 관리자의 설득에 이해를 표시하여도 그렇게 간단하게 받아들이지는 않는다. 추가업무가 발생하게 되면 바빠지기 때문에, 대개의 경우 '이 일을 하게 되면 목표를 달성할 수 있겠는가?'라고 직원 스스로가 불안해지기 때문이다.

그러한 불안감을 해소하기 위해서는 관리자가 지원을 하고, 추가업무를 받아들이는 정신적, 물리적 융통성을 조성하는 것이 중요하다. "만일, 업무에 지장이 생길 것 같으면 말해주기 바란다. 내가 지원하겠다.", "○○업무를 간략화하여 좀 더 여유를 가지도록 하게나!" 등의 지도를 하기 바란다. 목표달성을 위하여 직원이 융통성을 발휘할 수 있을지는 그 불안 사항을 파악하고, 해소해 가느냐에 달려있다.

1. 담당업무의 의의·범위를 이해시킨다

직원에게 '상사에게 지시를 받은 일이나, 최초에 배분된 업무만이 업무 전부는 아니다.'라는 것을 이해시켜야 한다. 본래의 업무는 목표 이외의 역할업무, 기간 도중에 발생한 중요과제 등이 포함되어 있다는 사실을 이해시켜야 한다.

"기업이 환경변화에 적절히 대응하기 위해서는 도중에 경영의 중점을 변경·추가하는 것과 같이, 직장도 변화하고 적응한다. 따라서 새로운 업무가 추가로 발생하는 것은 당연하다."라고 직원을 이해시키는 것이 중요하다.

2. 목표달성에 대한 불안을 해소한다

직원에게 있어서는 상사와의 면접 시에 달성할 것을 약속한 목표는 소홀히 할 수가 없다. '다른 업무를 맡게 되면 목표달성이 곤란해지는 것은 아닐까?' 하는 불안이 사라지지 않는다. 또한, '목표 이외의 일이 중요한 것은 알지만, 나의 목표는 어떻게 돼도 괜찮다는 말인가!'라는 불만이 생기지 않도록 하여야 한다.

불안 해소를 위해서는 직원의 목표달성 상황을 확인하고, 지장이 있을 것 같으면 관리자가 조언을 해주고, 실제로 문제가 발생하면 직접 지원할 것을 약속하는 것도 중요하다. 적절한 시기에서 직원을 지원할 수 있도록, 관리자는 업무의 효율화를 진행하고, 조금이라도 여력을 확보해 두는 것도 필요하다.

업무개선의 핵심에는 '싸게, 정확하게, 빠르게, 쉽게'가 있다. 업무를 '보다 싸게(비용 절감), 더욱 정확하게(정확성의 향상), 더욱 빨리(속도의 향상), 더욱 쉽게(효율화)'하는 것에 의해 직원에게 개선방법을 조언하기 바란다.

3. 목표·업무는 최우선 순위가 변할 수 있다는 것을 이해시킨다

앞서 말한 바와 같이 목표를 포함하여 업무의 우선순위가 변할 수 있다는 것을 직원에게 이해시키는 것이 중요하다.

"과장님! 어째서 업무의 우선순위가 바뀌는 것입니까?"라는 질문을 받으면, "○○등의 환경변화가 있었기 때문에 거기에 대처하기 위하여 ○○의 시스템화를 도모할 필요성이 생겼다." 등 구체적인 사실을 언급하여 이해시키는 것이 바람직하다.

사실, 변동이 심한 반도체회사의 개발부문에서는 매주 목표 및 업무의 최우선 순위를 변경하고 있다. 우선순위가 변해야 하는 필요성은 '목표라는 것은, 어디까지나 어느 시점에서의 경영의 중점사항이며, 시간의 경과와 함께 여러 가지 환경변화의 요인이 발생함에 따라 순위가 변화한다'라는 설명으로 이해시킬 수 있을 것이다.

4. 모든 업무가 평가의 대상이라는 것을 깨닫게 한다

'사람은 평가되는 방향으로 움직인다'라는 경영의 이론이 있다. 만약, 추가업무 등이 전혀 평가에 반영되지 않는다고 생각했을 경우, 상사로부터의 지시를 그대로 받아들일 수 있겠는가?

실제로 목표만을 평가에 그대로 반영하고 있는 기업일수록 사원은 추가업무를 받아들이려고 하지 않는다. 하지만, 대부분 기업에서는 기간에 업무에 임하는 자세, 예를 들어 협조성, 적극성, 그리고 기간 도중에 발생한 돌발사항은 플러스 요인으로 평가에 반영하는 것이 일반적이다. 자사의 평가기준서를 점검하고 평가의 대상이 무엇인지 확인해 보기 바란다.

전망이 불투명한 목표를 선도하는 방법은?

현재 문제점 ···?

설정되는 목표는 종사하는 사업에 따라 달라진다.

비교적 안정적인 사업을 전개하고 있는 기업에서는 계획대로 진행해 가는 것이 일반적이며, 종래의 경영 정석을 바탕으로 목표와 계획을 세워 실시하고 있다.

그 때문에 커다란 환경변화로 인해 계획의 수정이 필요하게 되면 직원은 혼란에 빠져버린다. "갑자기 생산계획을 변경하라는 것은 무리입니다. 한동안 업무변경이 없었는데, 어떻게 좀 해주십시오!"라는 상황이 된다.

이에 반해 변동이 심한 전자업계에서는 언제나 계획의 변경이 빈번하게 행해지고 있다. 이러한 업계에서는 계획을 예측하기가 어렵다.

그렇다면, 어떻게 직원의 목표달성을 지도해 나가야 할 것인가?

1. 시행착오를 전제로 한 목표달성 지도

계획이 변동되는 것을 문제로 삼지 않고, 환경의 빈번한 변화에 따라 계획이 변동하는 것을 전제로 관리자는 직원을 지도해 나간다. 예측할 수 없다는 사실을 전제로 빈번하게 계획의 재검토를 진행하는 것이다.

2. 개개인의 대응이 아닌 조직 구성원을 팀으로써 실시한다

예측이 어려운 목표에는 실제로 해보지 않으면 알 수 없는 것이 대부분이다. 그 때문에 관리자와 직원이 일대일로 진행하는 것이 아니라 조직 구성원 전원에 의해 대응하는 것이 중요하다.

종래의 경영사이클 「PDCA(Plan, Do, Check, Action)」는 '계획을 수립하여 실시하고, 그 차이를 파악한다. 또한, 차이의 원인을 찾아, 그 원인을 없애는 대책을 실시한다.'라고 정의할 수 있다.

그러나, 이러한 정의는 변동이 심한 사업 등에서는 통용되지 않는다. 즉, 환경변화 때문에 변동된 계획에 따라 각부문의 관리자는 부문의 목표를 변경하고 적절히 대응해 나가야 한다.

실천 포인트 .... ♣

1. 계획의 변경을 당연시한다

'계획을 수립하면 그대로 진행해야 한다. 계획을 바꾸는 것은 바람직하지 않다.'라는 고정관념을 가진 사람들이 많다. 지금까지 보편적으로 생각되어 왔던 PDCA의 사고방식은 계획대로 직원을 움직여 간다는 것을 바람직한 것으로 간주하고 있으며, 변동이 심한 시대에는 더는 적합하지 않게 되었다.

변화가 심한 시대에는 '계획을 변경하는 것은 환경변화에 따라 신속하게 대응해 가는 것이다.'라고 사고를 전환해 가는 것이 중요하다.

2. 가설의 연속으로 계획을 수정한다

목표달성계획은 어디까지나 가설이다. 가설을 세워 계획을 진행하는 것이다. 환경변화가 심하고, 신속하게 되었다는 것은 앞날의 예측이 불가능하다는 것을 의미한다. 따라서, 예측에 관련하여 "아마도, A라는 방향으로 ○○가 움직이면, 3개월 후에는 이렇게 될 것이다. 때문에 △△라는 것을 진행해 가자!"라고 가설의 연속으로 계획을 세우고, 때에 따라서는 수정해 가는 것이다.

어느 컴퓨터용 프린터업체에서는 매일 신제품의 판매 동향을 실시간으로 파악하고, 그것을 바탕으로 판매계획 등을 유연하게 변경하면서 일을 진행하고 있다. 때에 따라서는 당초의 계획을 변경하여 손해를 각오하고 시장에서 철수하는 일도 있다고 한다.

3. 가설 계획을 2개 이상 준비한다

가설의 계획은 하나에 한정되지 않는다. 상정하는 가설설정의 조건이 많아지면 그만큼 계획도 증가하는 것이다. 계획을 실행해 보지 않으면 알 수 없는 만큼 그 계획이 빗나갔을 때는 제2의 수단, 제3의 수단의 계획이 필요하게 된다. 상황에 직면하여 '이 계획이 실패했으니 다른 계획을 생각해보도록 하자!'라고 하면 신속한 변화에 따라갈 수가 없게 된다.

'A안이 잘못되면 B, C안으로 하자!'라고 임기응변으로 시행착오를 거듭하면서 진행하기 위해서는 선택지가 되는 복수의 계획이 필요한 것이다.

이러한 선택지를 설정하기 위해서는 관리자는 직원을 어떻게 선도해 가야할 것인가? 어느 대형 생산제조업체의 연구소장으로부터 필자에게 이러한 상담이 있었다.

"환경변화가 심할 뿐만 아니라 시장 자체가 축소되고 있으므로 우리 회사는 새로운 시장에 참가하게 되었습니다. 그런데, 그 시장에서는 당사가 후발 업체이며, 지금까지 축적해왔던 판매방법 등의 노하우가 통용되지 않습니다. 계획 자체가 해보지 않으면 정말 바람직한지 어떤지 알 수가 없습니다."

이러한 경우에 관리자의 경영은 어떠해야 하는가?

이 상담에 대하여 관리자분에게 사전에 연구하도록 하고 계획실적을 3가지 시점에서 정리하였다.

① 진행이 잘된 사항(성공이나 효과가 있었던 방법은 무엇인가?)

② 뜻대로 되지 않았던 사항(실패나 효과가 없었던 방법은 무엇인가?)

③ 의문점(연구 또는 가설을 세워야 할 항목은 무엇인가?)

그리고, 목표관리연구회를 개최하여 계획의 내용을 검토하였다. 이러한 방법에 따라 배워야 할 노하우를 찾아내어 계획에 반영시킨 것이다.

4. 조직 안에서의 공유화도 시도한다

이상의 3가지 시점에서 찾아낼 뿐만 아니라 아울러, 부문(부서) 안의 구성원 사이에서 공유화시켜, 조직의 상승효과를 발휘시키는 것이 중요하다. 공유화하여 다음 계획에 반영시키기 위해서는

- 진행이 잘된 사항 중에서 응용할 수 있는 것은 없는가?
- 뜻대로 되지 않았던 사항 중에서 같은 잘못이나 손실을 초래하지 않도록 주의해야 할 것은 없는가?
- 의문점 중에서 가설을 세워 검증해야 할 것은 없는가?

등을 면접에서뿐만 아니라 부문(부서) 모임 등에서 구성원들과 상호 공유하는 것이다.

1년이 지난 시점에서 이들 공유한 노하우를 정리하면 「바람직한 업무의 진행방법」을 표준화할 수 있을 것이다.

PART 5

평가결과를 이해시키는 평가관리 요령

Question

1. 직원의 안이한 자기평가를 바로잡기 위해서는

2. 평가를 사정에서 육성으로 계승하기 위해서는

3. 평가의 근거를 제시하여도 이해하지 못하는 직원에 대한 지도는

4. 2차 평가에서 평가절하된 직원을 이해시키기 위해서는

5. 직원의 연봉 산정을 이해시키는 포인트는

6. 일상업무로 목표달성이 지연되었을 경우의 평가는

7. 닫혀있던 평가를 공개할 때의 주의점은

8. 목표달성 기간 도중에 인사이동한 사람을 평가하는 포인트는

9. 노력했지만 목표를 달성할 수 없었던 직원에 대한 지도방법은

관리자는 설정된 목표의 달성 여부를 직원과 확인하여야 한다. 그것이 「평가」이다. 목표를 평가하고 개개인의 처우에 반영하고 있는 경우, 직원은 공정한 평가를 강하게 요구한다. 그만큼 적정한 평가를 하는 것은 관리자 자신의 평가능력을 가늠하는 중요한 주제가 된다.

평가를 적정하게 하기 위해서는 관리자로서 해야 할 일을 착실하게 수행하는 것이 최우선이다. '사실에 근거한 평가를 하기 위하여 사실적인 달성의 근거를 준비한다.

자기중심으로 자기평가를 하지 않도록 직원에게도 근거를 준비시킨다.', '평가결과를 지도·육성으로 계승하기 위하여 능력과제, 능력개발방법을 지적한다.' 등의 핵심사항을 간추려 실천하는 것이 중요하다.

직원의 안이한 자기평가를 바로잡기 위해서는?

현재 문제점 ···?

어느 기업이든 인사부문에서 평가의 이해성을 높이는 것은 주제이다.

현실의 평가에서는 직원이 생각하고 있던 자기평가와는 별도로 관리자가 평가하게 된다. 자기평가는 후하게 되는 것이 보통이며, 상사와의 평가 차이가 이해성을 저하하는 문제가 된다. 후하게 평가하여 기재해온 직원의 자기평가를 어떻게 지도하고 평가의 이해성을 조금이라도 높이기 위해서는 어떻게 해야 할 것인가?

지도 포인트 ···

1. 설정 시의 목표로 되돌아간다

평가에 대한 문제의 대부분은 평가단계에서 생기는 것이 아니다. 이미 목표의 설정 단계에서 생기고 있다. 설정한 목표가 애매하기 때문에 애매한 평가를 할 수밖에 없다는 것이 커다란 요인이 되고 있다. 목표설정 단계로 되돌아가 우선 목표를 명확히 하여야 한다.

관리자는 평가에 있어서 목표 명확화의 중요성을 깨닫지 않으면 안 된다.

2. 사실에 기초한 평가의 사고방식을 직원에게 침투시킨다

인사고과의 고과 원칙 중에서 사실에 기초한 평가가 가장 중요한 원칙이다. 관리자가 되면 반드시 고과자 훈련 중에서 '고과의 함정'과 함께 '올바른 고과의 원칙'을 배운다.

그러나, 일반 담당자에게 고과의 원칙을 가르치는 회사는 없다. 현명한 인사담당자는 목표관리 매뉴얼 안에 '사실에 기초한 자기평가를 명심하기 바랍니다.'라고 명기하고 있다. 평가는 관리자뿐만 아니라 직원도 '자기평가'라는 평가를 해야 한다.

따라서, 목표의 달성도, 설정기준을 평가함에서는 적어도 사실에 기초한 평가를 직원에게 이해·이해시키는 것이 요구된다. 사실에 기초하지 않은 자기 생각에 의한 평가, 관리자의 말·소문에 의한 평가는 부정확한 평가를 초래하여 평가의 이해성이 저하하기 때문에 엄격히 경계하여야 한다.

3. 평가의 빛과 그늘을 알게 한다

직원이 알아두도록 해야 할 또 하나의 사항은 "평가의 현실"이다. 기업에서 '공평 또는 엄정한 평가를 한다.'라고 하여도 현실적으로는 어려운 문제다.

'관리자는 직원의 평가대상이 되는 사실을 80%는 고사하고 50%도 파악하지 못한다.', '만일 대부분 사원이 목표를 달성한다 해도 회사 전체의 업적이 악화한다면 상여의 자원은 한정되어 기대만큼 지급을 할 수가 없다.' 등의 얼룩진 현실이 있다. 그러한 상황 속에서 자사의 기준에 따라 관리자가 1차, 2차 고과를 실시하고 있다.

이상과 같은 상황을 이해하지 못하는 직원은 '나는 이러 이러한 자기평가를 했으므로 상사도 그대로 평가해야 한다. 자기평가가 결정평가이다.' 등 비현실적인 바램을 상사에게 요구해온다. 이러한 직원의 기세에 이끌려버리면 관리자는 직원의 자기평가를 그대로 1차 평가로 결정하게 되는 것이다.

이러한 일이 발생하지 않기 위해서는, 직원에게도 인사제도에 관하여 뿐만 아니라 「평가의 현실」에 관하여도 어느 정도 이해시켜 두는 것이 필요하다.

실천 포인트 ....♣

1. 상하 간의 이해가 일치하는 수준에서 목표를 명확하게 한다

목표를 명확히 한다는 것은 '대상이 되는 직원의 목표를 관리자와 직원이 똑같이 이해할 수 있도록 한다.'는 것이다. 같은 수준에서 이해가 일치하지 않으면 평가에 차이가 생기게 된다. 수치로 표시되어 있지 않은 목표의 경우에는 특히 주의하여야 한다.

예를 들어 「할 수 있는 만큼 수주를 한다.」라는 목표를 영업담당자가 설정하였다고 하자. 그 경우 '할 수 있는 만큼'이 평가의 단계에서는 관리자와 직원 양자가 각자의 판단 기준에 기초하여 '할 수 있는 만큼'을 해석하고, 수치화할 것이다.

어느 직원은 「5억의 수주를 '할 수 있는 만큼' 이다.」라고 생각하고, 그 관리자는 「6억~7억을 수주하면 '할 수 있는 만큼' 이다.」라고 생각했다고 하자.

양자의 생각은 설정 단계에서는 서로 합의를 하지 않고 있다. 그리고 평가 단계가 되어 처음으로 서로의 기대·요구를 확인하게 되고, 자기평가와 관리자의 평가에 차이가 있다는 사실을 깨닫게 된다. 관리자는 "너의 생각은 안이하다."라고 힐책하고, 직원은 "우리 관리자는 초인이다."라고 험담을 하며 서로의 평가의 이해성을 저하하게 되는 것이다. 그러므로, 설정 단계에서 명확하게 하는 것이 핵심이다.

2. 자사의 인사고과 기준을 설명한다

의뢰인에 대한 지도를 통하여 필자가 느낀 것은 고과 기준을 공개하고 있는 기업이 증가하고 있다는 것이다. 물론, 사정 때문에 공개할 수 없는 기업도 있다.

어쨌든, 가능한 범위 내에서 자사의 목표관리, 인사고과 기준, 그 생각 방식·진행방법을 매뉴얼을 이용하여 직원에게 설명한다.

어느 기업에서 연수를 시행하고 있을 때, 반 이상의 참가자가 자사의 매뉴얼 이해 정도가 부족한 상태였다. "업무가 바빠서 목표계획서의 기재요령, 평가서의 기재요령 밖에 읽지 못했다."라고 말하는 관리자는 조금 나은 편이었지만, 한 번도 보지 않은 사람도 다수에 해당했다.

인사담당자는 '매뉴얼을 배포해 두면, 관리자도 당연히 담당자도 알고 있을 것이다. 목표관리를 당연히 이해하고 있을 것이다.'라는 생각은 버리기 바란다. 대부분 업무에 바쁘다는 이유로 관리자도, 담당자도 세세하게 매뉴얼을 읽지 않는다. 그만큼 관리자는 자신의 이해를 위하여도 매뉴얼을 확인하고, 직원에게 공개할 수 있는 사항은 설명하기 바란다.

아울러, 다음의 사항은 공개할 수 있는가, 없는가에 관계없이 직원에게 반드시 이해시킬 필요가 있다.

① 목표의 조건(수, 상위목표와의 연계 등)

② 목표는 알기 쉽게, 구체적으로 3가지 기준(수치, 상태, 일정표)으로 명확히

한다

③ 관리자의 평가와 자기평가는 사실에 기초하여 행한다(달성의 근거를 준비)

④ 목표와 목표 이외의 관계(예를 들어, 목표를 30%, 일상업무를 70%로 비중을 두어 평가)

3. 평가의 근거를 직원에게 준비하도록 한다

사실에 기초하여 평가하기 위해서는 평가의 근거가 필요하다. 그 근거가 모자란다면, 직원이 단지 짐작으로 자기평가를 해버릴 염려가 있다. 누구나 자신이 가장 중요한 존재이다. 자연히 자기평가가 안이해진다. 근거가 없으면 더욱 그러하다.

자기평가의 안이함에 제동을 걸기 위해서는 '자신이 설정한 목표의 달성결과는 무엇인가?'를 냉정하게 자문자답하도록 한다. 특히, 자기평가를 대충 하는 직원에게는 더욱 필요하다. 마찬가지로 상사도 평가의 근거를 준비한다.

개별기준 설정검토표의 기재 예(개인기준 설정표)

목표 수준	신규개척	○○회계 시스템의 완성	비용절감
A 기대를 크게 상회하고 있다	15건 이상	-	1,200만원 초과
B 기대를 다소 상회하고 있다	10~14건	사원 전원이 ○○회계시스템의 모든 입출력을 할 수가 있다	1,000만원~1200만원
C 기대만큼 이다	7~9건	각 부문의 대표자 1인은 ○○회계 시스템의 모든 입출력이 가능하다	950만원~1000만원
D 기대를 다소 하회하고 있다	4~6건	70%이상의 각 부문에서는 대표자 1인이 ○○회계 시스템의 모든 입출력이 가능하다	800만원~950만원
E 기대를 크게 하회하고 있다	3건 이하	-	800만원 미만

달성결과를 나타내는 평가의 근거

구분	특징	예
주 제	달성결과의 수치수준의 주요 근거가 된다	영업생산 각종 관리데이터
설 문 조 사	목표달성을 통해, 공헌한 관계자들의 평가결과를 근거로 한다	고객만족도 설문조사
자료·메모	수치화가 어려운 달성기준의 경우, 달성결과를 나타내는 자료메모를 가지고 근거로 한다	기획서·연구 메모
시험·자격	주로 능력개발의 달성근거, 이것들을 충족으로써 몸에 익혔다고 간주한다	각종검정시험 통신교육
사 진	목표설정시의 상태와 달성 후의 상태를 비교하여 달성성과를 나타내는 것이다	서류제본의 현황과 개선 현황
참가·동석· 동 행	능력개발의 달성현황을 나타내기 위해 평가자가 직접 참관하여 확인한다	각종기능의 판정
현 물	달성기준이 현물 그 자체이다	시제품·완성품의 매뉴얼

4. 설정 단계에서 평가기준의 해석을 명확히 한다

설정 단계에서의 평가기준은 보통 5단계 평가이다. '기대한 만큼 달성하였다'를 중앙의 「C」로 하고, '다소 상회하였다'를 「B」로 하며, '큰 폭으로 상회하였다'를 「A」로 하고 있다.

반대로 다소 '하회하였다'를 「D」로 하고, '대폭 하회하였다'를 「E」로 하고 있다. 이러한 해석은 상사, 직원 쌍방에 맡겨지고 있는 것이 실태이다. 일부 기업에서는 각각의 목표마다 5단계의 기준을 하나하나 명확하게 정하고 있다.

관리자의 지도로 이 방법을 채용하면, 수고는 들지만, 식원의 안이한 사기 평가를 억제할 수가 있다.

평가를 사정에서 육성으로 계승하기 위해서는?

현재 문제점 ···?·

목표관리에서는 평가단계에서 직원의 목표달성 정도를 확인하고 평가한다. 목표관리 안내서에는 일반적으로 「평가는 인사평가에 그치지 말고, 직원의 지도·육성으로 계승하도록 한다.」라고 명시되어 있다.

그러나, 현실은 '평가는 인사평가를 하는 것'이라고 이해하고 있는 관리자가 적지 않다. 그 때문에 유사시 직원의 육성에 도움이 되는 평가를 하려고 해도, 어떻게 해야 할지 모르게 된다.

평가를 직원의 지도·육성에 계승하기 위해서는 어떻게 대응해야 할 것인가?

지도 포인트 ··

1. 목표관리의 두 가지 측면에 유의한다

원래, 평가는 인사평가뿐만이 아니라 직원의 지도·육성이라는 의미가 있다. 전자가 목표관리의 '인사고과 하부시스템의 측면'이며, 일정기간의 성과를 승격, 승급, 상여 등 인사상의 처우에 반영시키고자 하는 것이다.

후자는 개인과 조직의 성장·발전을 목표로 하는 '경영관리시스템의 측면'
이며, 일정기간의 진행 과정·결과를 되돌아보고, 개인의 성장한 점, 육성과제
를 발견하여 앞으로의 개인의 성장·발전에 도움이 되도록 하고자 하는 것이
다. 「평가는 즉, 인사평가이다」라고 생각하기 쉽지만, 양자의 측면이 있다는
사실을 새롭게 이해하기 바란다.

실천 포인트

1. 직원의 목표설정 시, 일상 속에서 직원의 능력파악에 관심을 기울인다

평가단계가 되어서 '자! 이제 직원의 능력과제라도 찾아볼까!'라고 관리자
는 마음먹어 보지만 생각처럼 간단한 일이 아니다. 시간이 지남에 따라 직원
도 성장하고 있으므로 현재 어느 정도의 능력이 있는지 알 수가 없다.

따라서, 목표설정 시에 직원이 무엇을 할 수 있는지, 무엇을 할 수 없는지
직원의 장단점을 파악해 둘 필요가 있다. 그러나, 목표설정 시에 갑자기 의
식한다면, 모든 직원의 능력상태를 파악하기가 어려운 일이다.

일상의 업무 안에서 업무형태를 관찰한다거나, 업무일지나 본인이 작성한
자료 등의 업무성과물을 통해서 파악하도록 하여야 한다. '그는 데이터의 정
리는 뛰어나지만, 분석하고 문제점을 찾아내는 일에는 단점이 있는 듯하다.

문제해결 능력이 얼마 향상되는지, 관심을 가지고 그의 자료를 관찰해야
하겠다.'라는 식으로 일상 속에서 의식하기 바란다. 또한, 관리자 중에는 인
사고과표를 바탕으로 관찰일지를 작성하여 직원의 장점·단점을 찾아내는 자
료로 사용하고 있는 관리자도 있다.

2. 직원의 보강해야 할 점과 약점의 양면에서 지도·육성과제를 발굴한다

직원의 지도·육성에 필요한 능력과제의 발굴은 반드시 직원이 하지 못했던 일에 한정되지 않는다. 더욱 신장시킬 수 있는 능력과제도 있는 것이다. 즉 '해낸 것, 하지 못했던 것'의 양면에서 지도·육성의 과제를 찾아내는 것이 중요하다.

만일, 「신규개척」이라는 목표가 있다고 하자. 그 목표를 달성할 수 없는 원인으로 '고객에의 표현력이 부족하였다.'라는 사실을 표현자료나 영업일지에서 확인하였다면 「표현력 향상」이 앞으로의 목표가 된다.

하지만, 고객관리 파일에서 고객 정보에 관한 정보를 상세히 수집하고 정리할 수 있다는 사실을 확인하였다면 「정보수집능력」이 더욱 강화해야 할 지도·육성의 과제가 된다.

전자와 같이할 수 없는 것을, 할 수 있게 하는 것을 보강점이라 하고, 할 수 있는 것을 더욱 신장시키는 것을 강화점이라 한다.

관리자로서는 이 두 가지를 발견하는 것이 매우 중요하다.

3. 목표달성 결과를 증명하는 평가의 근거에서 보강점, 약점을 확인한다

평가의 단계에서는 목표달성 결과를 평가의 근거에서 확인한다. 근거는 달성결과를 뒷받침하는 것으로서 7가지 형태가 있다. '데이터', '설문조사', '자료, 메모', '시험·자격', '사진', '참가, 동석, 동행', '현물' 등이다.

이 사항들을 자세히 살펴보면, 직원의 능력이 얼마만큼 변했는지, 보강점이 무엇인지, 약점이 무엇인지 어느 정도 파악할 수가 있다.

평가하는 도중에 직원과 동행하여 거래처와의 절충장면을 지켜보면, 절충 능력이 얼마나 향상되었는지 알 수 있을 것이다. 또한, 작성한 분석자료를 보면 어떠한 문제점을 얼마만큼 추출하였는가에서 문제발견 능력을 파악할 수가 있을 것이다.

4. 지도·육성과제의 3가지 근거를 바탕으로 폭넓게 다룬다

이상과 같이, 직원 한 사람 한 사람의 지도·육성과제를 찾아낸다. 문제는 '무엇을 기준·근거로 지도·육성과제를 발굴할 것인가?'이다. 그 근거로는 아래의 3가지 사항을 들 수 있다.

① 업무상 요구되는 능력

② 자격, 직위에 어울리는 능력

③ 본인, 관리자가 인식하는 강점, 약점

첫 번째의 근거가 되는 「업무상 요구되는 능력」에는 '컴퓨터 사용능력' 등 이 있다. 입사 1년 차 사원이든, 부장이든 간에 컴퓨터 사용은 읽고, 쓰고, 셈하는 능력과 같은 것이다. 자격·직위와 관계없이 어떤 일에 종사하고 있는 한 반드시 숙달해야 할 능력이다.

두 번째 근거는 「자격, 직위에 어울리는 능력」이다. 입사한 지 얼마 안 된 신규사원과 10년째의 계장과는 자연히 기대되는 능력이 다르다. 계장이라면 '후배지도·육성능력이' 요구될 것이다. 자격, 직위에 어울리는 능력은 자격등 급 기준에 명시되어 있다. 여기에 비추어 점검하면 좋을 것이다.

세 번째는 「직원, 관리자가 인식하는 강점, 약점」이다. 이는 일상의 업무 활동 안에서 발견할 수 있을 것이다.

5. 코멘트 란에 지도·육성 또는 자기계발의 실시항목까지 지적한다

마지막 마무리로서 면접 전, 면접 중, 면접 후에 코멘트를 기재한다. 코멘트는 지도·육성사항의 집대성이다. 지도·육성과제의 달성을 위해 관리자가 지도하는 것, 직원이 자기계발로서 실천한 사항을 구체적으로 지적하는 것이다.

예를 들어,

- '경제신문발행 『문제해결의 지식』을 읽어보기 바랍니다.'
- '상반기에 협상력 강화를 위한 세미나에 참가하기 바랍니다.'
- '비용은 부문(부서)에서 부담하겠습니다.'
- '매월 한 차례씩 상담할 기회를 제가 만들겠습니다.'

등 과제달성방법까지 구체적으로 지적하는 것이다. 그렇게 함으로써 직원도 안심하고 과제에 임할 수가 있다.

지도·육성과제의 3가지 근거와 능력의 샘플

업무상 필요한 능력	자격에 어울리는 능력 (계장)	본인의 강점, 약점 (시스템부문)
·문서작성 능력 ·계획입안 능력 ·엑셀조작 응용 능력 ·업무분석 능력 ·문제해결 능력 ·상품지식	·직원 지도력 ·부문(부서)간 조정능력 ·외부와의 교섭능력 ·설득력 ·재무관리 지식	·네트워크 구축의 지식 ·집중력 ·표현능력 ·온라인 시스템의 기초지식 ·철야를 해서라도 끝까지 작업하는 책임감

• 3가지 근거로부터 다양한 육성능력의 샘플을 밝혀낼 수가 있다.

6. 코멘트 란이 없더라도 별지에 적어서 지적한다

면접 시에 직원에게 직접 언급하는 것도 중요하지만 목표계획서의 코멘트 란에 기재함으로써 본인에게 항상 자각시키는 것도 효과적이다. 따라서, 목표계획서에 관리자의 코멘트란 이 없는 경우에는 리포트용지에 지도·육성을 위한 코멘트를 기재하여 직원에게 직접 전달하는 것도 좋은 방법이다.

7. 이상을 바탕으로 직원에게 직접 전달한다

이상을 바탕으로 직원에게 직접 전달한다. 상사에게 있어서의 '지도·육성 사항'은 직원에게 있어서는 '장래의 성장양식'이다. 평가의 전달을 사정(査定) 결과의 전달로 끝낼 것인가, 직원의 육성에 도움이 될 것인가는 관리자가 하기 나름이다.

평가결과를 수용하지 못하는 직원에 대한 지도는?

현재 문제점 ···?

인사고과의 원칙인 「사실에 기초하여 평가한다.」에 준하여 관리자는 직원의 목표달성 정도를 파악해 간다.

예를 들어, 직원이 작성한 기획서, 직원이 책임지고 조사한 신규개척의 매상 데이터 등을 관리자가 준비해 두었을 것이다.

그러나, 관리자의 평가를 직원이 이해할 수 없는 예도 있다. 그런 경우에는 어떻게 진행하여야 할 것인가?

지도 포인트 ···

1. 사실의 근거를 폭넓게 준비한다

하나의 평가의 근거에 구애받지 않고, 폭넓게 사실의 근거를 준비해 둔다. 단지 일상의 관찰에서 직원의 목표달성 정도를 파악하는 것이 아니라 데이터, 자료 등 다양한 측면에서 근거를 준비해 간다.

2. 상호노력으로 평가의 이해를 높인다

직원이 이해할 수 있는 평가를 하기 위해서는 관리자의 노력만으로는 한계가 있다.

만약, 직원의 1년 동안의 업무 활동 및 목표달성 활동을 100%라고 했을 때, 관리자가 관찰할 수 있는 것은 아마도 10%도 되지 않을 것이다. 그렇다고 해서 평가를 포기할 수는 없다.

1차 고과자인 직속 관리자의 평가뿐만 아니라 2차 고과자의 상사 및 직원 자신이 파악한 사실을 바탕으로 3자가 평가의 이해성을 높이는 것이다.

관리자는 이러한 사실을 직원에게 이해시킬 의무가 있다.

실천 포인트 ···

1. 달성결과의 7가지 근거를 준비한다

엄밀히 정의하면 '관리자가 관찰한 사실'이다. 앞서 말한 바와 같이 관리자가 직원을 계속하여 관찰하는 것은 불가능하다. 현실의 사업현장에서는 사실을 말해주는 '달성결과를 나타내는 근거'를 준비한다.

2. 관리자와 직원, 쌍방이 근거를 준비한다

관리자와 직원, 쌍방에서 근거를 준비하는 것이다. 근거가 다르면 달성결과에 차이가 생기기 때문이다.

예를 들어, 연수부문에서 「중견 사원연수의 질적 향상」이라는 목표를 달성도가 애매한 상태에서 그대로 평가를 하였다고 하자. 직원은 근거로서 '개정된 연수교재'를 준비하고, 관리자는 '참가자의 설문조사'를 준비한 경우에는 달성도 자체도 달라진다. 즉, 직원은 '교제의 개정을 완료한다.', 관리자는 '참가자의 만족도 ○○점 이상'이라는 달성도가 되는 것이다.

이렇게 되면 평가의 차이가 더욱 벌어져 버린다. 이러한 일이 발생하지 않도록 쌍방에서 '이 목표는 기획서를 근거로 한다.'라고 확인해 두는 것이 현명한 방법이다. 또, 직속 상사인 1차 고과자 뿐만 아니라 2차 고과자도 근거를 준비하는 것이 바람직하다.

3. 제3자가 평가근거를 준비하여, 공정한 평가에 근접한다는 것을 이해시킨다

자기평가, 1차 평가, 2차 평가의 3자가 함께 평가함으로써 가능한 폭넓게 평가의 근거를 수집하고, 공정한 평가에 접근할 수가 있다. 그 사실을 관리자는 직원에게 이해시킬 필요가 있다. 근거를 마련하는 것은 수고스럽고, 번거로운 일이다. 따라서, 그러한 작업을 통해 공정한 평가에 접근할 수 있다는 사실을, 직원에게 명확히 설명해 두지 않으면, 직원으로부터 반발이 생길 수도 있을 것이다.

4. 일상의 업무 활동에서 평가사실을 확인한다

달성결과의 근거는 평가 시점이 다 되어서 부랴부랴 준비하는 것만은 아니다. 영업의 매출증대목표와 같이 1년 또는 반년에 걸쳐 달성하는 목표도 있지만, 어느 시기에 집중하여 달성하는 목표도 있다.

만약, 어느 직원이 「E-mail의 사용이 가능하도록 한다」라는 목표를 설정하였다고 하자. 그 달성도의 평가는 아마도 직원이 상사에게 달성한 시점에서

"과장님, 메일의 사용법을 알았습니다. 여기 한번 보세요!", "어디? …… 잘하는데. 목표를 달성했군!"이라고 일상업무 안에서 관리자가 보는 앞에서 평가의 근거를 보이는 것이다.

그러한 의미에서는 '일상에서 직원에 대한 관찰'의 중요성을 다시 한번 확인하는 것이 될 것이다.

5. 복수의 근거로 평가의 이해성을 높인다

마지막 핵심사항은 '경우에 따라서는 복수의 근거를 준비한다.'라는 것이다.

앞서 말한 「중견 사원연수의 질적 향상」이라는 목표의 경우, '개정한 연수교재, 참가자의 설문조사'를 준비하는 것이다. 이 두 가지 근거를 함께 준비함으로써 단순히 근거 사실을 보다 확실하게 한다는 것뿐만 아니라 평가의 수준 자체를 끌어올리는 역할도 한다.

'교재의 개정을 완료한다.'라는 한 가지만 있다면, 달성결과의 근거는 '교재 자체, 현물'이 된다. 이때 평가의 관점은 단순히 개정내용과 외면적 사항이 될 것이다.

한편, '참가자의 만족도 ○○점 이상'이 포함되면 교재의 개정에서 끝나지 않는다. 교재의 내용(얼마나 이해하기 쉽게 되어있는가 등)은 물론 선정한 강사의 교육, 연수내용까지 평가범위의 확대가 예상된다.

어쨌든, 평가의 이해성을 높이기 위하여, 근거를 어떻게 준비하는가, 어떻게 제시하는가는 상사에게 있어서도, 직원에게 있어서도 매우 중요한 문제이다. 면접 시, 목표계획서에 근거를 구체적으로 메모해 두는 것이 바람직하다.

2차 평가에서 하향평가된 직원을 이해시키기 위해서는?

현재 문제점 ⋯⋯⋯⋯⋯⋯⋯⋯⋯⋯⋯⋯⋯⋯⋯⋯⋯⋯⋯⋯⋯⋯⋯⋯⋯⋯?

목표달성도의 평가는 직원의 자기평가·관리자의 1차 평가, 2차 평가를 바탕으로 진행된다. 그러나, 평가에 대한 상하 간의 견해가 엇갈려 직원이 이해를 못 하는 경우도 종종 발생한다.

또한, 평가에 대한 의견 차이가 자주 발생하면, 거기에 염증을 느낀 관리자가 재평가를 포기해 버리는 때도 발생한다.

어느 기업에서는 1차 평가를 한 관리자가 "자네의 평가는 A이다. 부장에게 그대로 결제하겠다."라고 언약을 하였지만, 2차 평가 조정에서 B로 하향되어 버렸다. 이에 직원은 "말이 틀리지 않습니까!"라며 항의하는 때도 있었다. 그리고 관리자는 직원의 신뢰를 잃게 되었다.

2차 평가에서 평가가 번복되는 경우는 많은 기업에서 발생하고 있는 게 사실이다. 이는, 목표관리가 절대평가이면서도 상대평가가 되지 않을 수 없는 실태를 설명하고 있다.

이러한 상황 속에서, 직원을 이해시킬 수 있는 평가를 하기 위해서는 어떻게 해야 할 것인가?

1. 직원이 평가를 쉽게 받아들일 수 있게 하는 적용의 고안

직원 본인이 쉽게 받아들일 수 있게 하기 위해서는, 평가의 진행방법이나 과정만 바꾸어도 효과가 있다.

특히, 직원의 자기평가를 먼저 하고, 상사평가를 나중에 하거나, 사실에 기초한 평가로서 7가지 근거를 바탕으로 하고, 평가의 내용을 인사상의 평가에 그치지 않고 직원의 육성과제에까지 피드백하는 등의 방법이다.

2. 조직의 논리와 현실의 평가 차이를 이해시킨다

평가의 결실이 되는 상여의 자원에는 일반적으로 제약이 있다. 현실에서는 그러한 제약에서 평가가 행해지고 있다는 사실을 직원에게 이해시킬 필요가 있다.

보수적인 기업에서는 블랙박스에 넣어 버리는 예도 있다. 직원의 질문에 "쓸데없는 생각은 하지 말고, 목표달성을 향해 열심히 노력해라. 상여는 노력 여하에 달려있다." 등으로 얼버무리는 것은 바람직하지 않다.

1. 직원의 자기평가를 먼저 하고 관리자의 평가를 나중에 한다

자기평가를 먼저 하고 관리자의 평가를 나중에 함으로써, 직원은 강압 받았다는 인상을 받지 않게 된다.

직원은 자기평가에서 반성했던 것과 관리자의 평가를 비교하면서 냉정하게 확인을 한다.

관리자는 먼저, 직원의 자기평가를 바탕으로, 때로는 "○○에 대해서는 자네의 자기평가와 같다. ××에 대해서는 나는 A로 평가하였다."라고 비교하면서 구체적으로 평가를 진행할 수가 있게 된다.

반대로, 상사평가의 피드백을 먼저 하게 되면 강압 받았다는 인상을 받기가 쉽다. 직원이 관리자의 평가를 듣고 있을 때, "그런 것은 알고 있다. 내가 자기평가에서 말하려고 했던 것인데……"라는 반응이 나오게 된다. 따라서 관리자의 평가를 나중으로 하면, 이러한 일은 발생하지 않으며 다음과 같은 장점도 있다.

① 관리자는 직원보다 먼저 상사평가와의 차이를 확인할 수가 있다
② 직원은 상사평가를 자기평가와 비교하면서 객관적으로 확인할 수가 있다.

평가의 강압을 방지하는 피드백의 순서

구분	분담		순서
	상사	직원	

	상사	직원	순서
사전준비	○		평가 면접 일시를 사전에 통지한다
			⇩
	○	○	목표달성 결과의 근거가 되는 사실, 평가의 근거를 준비한다
			⇩
	○	○	상사평가, 자기평가를 각각 실시한다

⇩

	상사	직원	순서
면접	○		면접의 목적, 일정표 등을 설명한다
			⇩
		○	자기평가의 설명
			⇩
	○		상사평가의 피드백
			⇩
	○	○	평가의 교환

2. 7가지 달성결과의 근거로서 사실을 제시한다

평가는 '사실을 기초로 한다.'라는 것이 대원칙이다. 그 달성결과의 사실을 표시한 '평가의 근거'로서 평가의 근거를 제시하는 것이다.

어느 회사에서 평가 면접 시에 관리자가 "자네는 이 목표를 달성했다고 하는데, 그 증거를 제시해 보게나!"라고 말하자,

"과장님, 증거 같은 것은 없습니다. 저의 눈을 보십시오. 저를 의심하시는 겁니까?"라고 직원이 대답하였다고 한다.

이야기의 진위를 떠나, 목표달성 결과를 근거도 없이 확신하는 것은, 평가의 원칙인 '사실에 기초하여'에 반하는 것이며, 바람직한 것이 아니다. 사실에 기초하여 평가하기 위해서는 뒷받침이 되는 근거가 필요하다.

목표별 평가근거의 예

근거의 형태	목표의 예	평가근거의 예
데 이 터	설계요금의 삭감	외주지불 명세표
	노고의 절감	월별추이 그래프
	외상대금의 회수율 향상	입금장부
	물류비의 절감	물류비용 일람표
설 문 조 사	○○연수의 수준향상	참가자 설문조사
자 료 · 메 모	업무개선의 강화	개선제안서
	비용절감에 관한 제안능력 강화	VE제안서
시 험 · 자 격	재무지식의 향상	통신교육수료증서
	위생관리지식의 향상	1급위생관리자 자격증
사 진	파일 강화	강화 전, 후의 사진
참 가 · 동 행	컴퓨터 사용능력 강화	관리자의 입회하에 판별
현 물	○○의 표준화	○○매뉴얼
	××의 개발	××실험작품, 완성품

3. 인사상의 평가에 그치지 말고, 직원의 육성과제·육성방법도 피드백한다

관리자의 평가를 단순히 인사상의 평가에 그치지 말고, 직원의 육성과제·육성방법도 피드백한다. 이것이 본래의 평가 피드백이다.

상사평가의 피드백을 할 시에는 평가의 좋은 점을 먼저 전달하고, 개선점을 나중에 전달한다. 좋은 점을 먼저 전달함으로써 '관리자는 나를 인정하고 있다. 나의 장점을 발견하였다.'라고 상사에 대한 신뢰감을 일으키고, 평가를 쉽게 받아들이도록 할 수가 있다.

4. 달성도의 평가와 인사상의 평가를 분리한다

직원에게 있어서 평가는 다음의 두 가지 의미가 있다.

① 달성결과로서 달성 정도를 판정받는다
② 그 달성 정도로 인사상의 평가를 받는다

전자에 대하여는 7가지의 근거 사실을 제시함으로써 이해할 수 있는 평가가 가능하지만, 문제가 되는 것은 후자 쪽이다. '이번, 목표달성도가 A였음에도 불구하고, 연초에 예정했던 상여의 반밖에 안 되었다. 이해할 수 없다.'라는 경우이다.

이 경우에는 평가의 문제보다도 상여의 자원(사원에게 지급할 수 있는 자금의 한도)에 문제가 있다. 평가의 좋고 나쁨을 떠나서, 종종 A라는 좋은 성적을 상당히 많은 인원이 획득하였을 경우에는 당연히 1인당 분배액수가 줄어들게 되는 것이다.

따라서, 관리자는 직원에게 "Y사원, 자네의 이번 목표달성도는 A로 매우 좋았다. 그러나, 다른 구성원도 좋았기 때문에 상여금액은 ○○이다. 내년에

도 열심히 하기 바란다."라고 달성도 평가와 인사상의 결과를 분리하는 것이
중요하다. 어느 기업에서, 유능한 관리자의 평가를 조사한 결과, 눈에 띄는
행동패턴이 상기의 예와 같은 것이었다.

직원의 연봉계산을 이해시키는 포인트는?

현재 문제점 ....?.

연봉제를 목표관리에 연동시키는 기업이 늘어나고 있다.

대상이 되는 직급은 부장, 과장급이다. 스스로가 설정한 목표의 난이도, 달성도로 연간의 수입이 크게 좌우되는 만큼, 제도 그 자체, 평가의 공정화에 대한 기대는 점점 높아가고 있다.

연봉제를 도입한 기업에서 목표설정 훈련을 하면 반드시 다음과 같은 질문이 나온다.

"정말로 공정하게 평가됩니까?"

"조직부문 간의 평가는 공정합니까?"

"수입이 크게 저하되어 생활에 지장을 초래하는 일은 없습니까?"

연봉제를 이해시키고, 도입하기 위해서는 어떻게 해야 할 것인가?

1. 자사의 연봉산정 패턴의 규칙을 이해한다

자사의 연봉산정에 관한 규칙을 이해하는 것이 불가결하다. 연봉제를 도입하고 있는 기업의 제도를 분석하여 보면, 대다수의 경우 '연봉제의 구성'이라고 명시되어 있는 항목이 있다. 그것들을 하나씩 이해해 나아가는 것이 중요하다.

2. 자사에 있어서 연봉제도의 경영상 위치를 이해한다

연봉제도가 자사의 경영상 어떠한 위치를 차지하고 있는지를 이해시키는 것이다. 분명, 도입의 대상자가 되는 관리자에게 있어서는 연간 수천만 단위로 변동하는 예도 있으며, 생활에 있어서 절실한 문제인 것이다.

그러나 그것은 관리자에게 있어서의 임금의 측면에 초점을 맞추어 연봉산정 이해한 것에 지나지 않는다. 경영에서는 어떠한 의미가 있는 것일까, 경영자와 같은 선상에 서서 경영관리의 측면에서 바라보는 것이 필요하다. 구체적으로는 '왜 연봉제를 도입하였는가?', '왜 인사제도를 개정하였는가?' 등의 이유를 확인해 보는 것이다.

3. 자사의 연봉제를 올바로 이해한다

같은 연봉제라도 그 기업의 인사제도에 대한 사고방식, 과거의 인사시스템, 임금시스템 등에 따라 연봉제의 정의에 미묘한 차이가 있다. 무엇이 올바른 것인지는 판단하기 어렵지만, 참고로 다음과 같은 정의를 소개하겠다.

「업무(역할)와 실적(업적)을 바탕으로 임금의 기본 부분이 노동일수와 관계없이 1년 단위로 정해져 있으며, 그 결정이나 지급이 사전에 명확히 되어있는 급여제도이다.

연봉제든 아니든 간에, 그 사람의 업무나 목표를 평가하고 연간의 급여, 상여를 미리 정해두고자 하는 것이 현실의 인사제도이다. 연봉제라는 말에 구애받지 않고 자사의 제도를 올바로 이해하는 것이 중요하다.

우선적으로 고려해야 할 것은 '연봉제=프로야구의 세계=대폭적인 연간수입의 업 & 다운→무서운 제도→불안감 증대'라는 이미지의 악순환을 근절하는 것이다. 그렇기 위해서는 자사의 연봉제를 올바로 이해하는 것이 중요하다.

실천 포인트 ·· ♧.

최소한 다음 사항을 점검한다.

1. 연봉의 구성

연봉은 목표와는 상관없이 '고정된 부분'과 목표의 설정, 달성에 따라 '변동하는 부분'의 두 가지로 나눌 수 있다.

예를 들어, 자격에 따라 5,000만원, 6,000만원이라는 형식이다. 관리자가 관심을 가지는 것은 변동하는 부분이다.

2. 목표의 난이도, 달성도의 연봉에의 반영도

변동 부분이 목표의 난이도에 따라 어느 정도 연봉에 반영되는가, 또한, 목표의 달성도가 연봉에 어느 정도 반영되는가를 본다.

기업에 따라서는 인사평가순위에 단위를 설정하여 정산하고 있는 곳도 있다. 'F사, 이론상 연봉 격차의 최대치는 6,000만원'이라고 신문기사에 실려있는 것은, 반영도를 바탕으로 인사평가순위의 최대격차를 계산한 것이다.

그러나, 이것은 어디까지나 이론적인 수치이지 제도운영에 있어서 실제로 발생하는 격차는 아니다. 이것만 보고 '성과를 올리지 못하면 연수입이 6,000만원이나 다운된다.'라고 받아들이는 것은 조급한 계산이다.

3. 지급방법

일정한 규칙을 바탕으로 결정한 연봉액은 월급과 상여로 나누어 지급된다. 예를 들어 16분의 1을 월급으로, 16분의 2를 1회의 상여로 하는 형식이다.

4. 평가의 규칙

☑ 평가에 대한 사실근거를 확인한다

평가의 근본이 되는 것은 '사실에 기초한다.'는 것이다. 특히 달성도에 있어서 '달성하였다, 달성하지 못했다.'에 대한 문제가 발생하기 쉽다. 달성결과의 근거가 되는 데이터, 자료 등을 준비하여 평가에 임하는 것이 매우 중요하다.

☑ 자사의 자금배분의 한계와 배분의 규칙을 이해시킨다

상여를 무제한으로 배분하고 있는 기업은 거의 없다. 평가에 따라 무제한으로 상여가 지급되는 일도 없다. 일반적으로는 2차 고과단계에서 1차 고과결과의 분포에 따라서 지급기준을 변경하는 기업도 있다. 자금은 미리 각 사업부문마다 배분되어 있기 때문에 각 사업부문내의 성적분포에 따라 지급기준도 달라지게 된다.

✔ 연봉인상의 조건을 이해시킨다

연봉이 내려가는 것은 직원 본인에게 있어서 절실한 문제이다. 적어도 다음연도에는 어떻게 하든 수입을 올릴 수 있도록, 관리자는 지도력을 발휘해야 한다.

그렇게 하기 위해서는 금년도 수입저하의 원인이 된 목표달성미달 및 목표난이도의 문제점을 명확히 밝히고 내년도를 향한 과제를 관리자가 지적해주는 것이 먼저 필요하다.

또한, 능력과제, 업무과제 등 개선 방향을 제시하고, 때에 따라서는 지도·육성방법도 제시한다.

일상업무로 목표달성이 지연되었을 경우의 평가는?

현재 문제점 ···?

경기가 침체기에 접어들면 인력의 효율화를 위하여 최소한의 인원으로 회사를 운영하지 않으면 안 되게 된다.

어느 회사에서 관리자가 직원을 면접하고 목표를 설정시켰다. 어디서든 발생할 수 있듯이 목표달성 기간 도중에 돌발업무가 발생하였다.

관리자는 효율적인 직무분담을 고안하고, 주임인 C사원에게 담당하도록 지시하였다.

그런데, 돌발업무는 당초의 예상을 크게 상회하는 시간이 걸리고 말았다. 그로 인해 C사원은 자기가 설정한 목표를 달성할 수 없게 되어버린 것이다.

관리자는 "자네는 돌발업무를 끝까지 책임지고 완수하였다. 설정 목표는 달성하지 못했지만, 어떤 형식으로든 평가해주고 싶다."라고 하였다.

어떠한 평가를 하는 것이 타당할 것인가?

지도 포인트 ···🔔

1. 평가대상을 목표와 목표 이외의 것으로 분리한다

외국 자본계열의 기업에서는 연초에 목표의 내용을 합의할 것을 계약으로 하는 곳도 있다. 그 계약 내용에 대하여 보수를 지급한다. 따라서, 기간에 돌발업무가 발생하여도 받아들일 필요는 없다. 의무도 없는 것이다.

이러한 기업에서는 계약 이외의 일을 하면 오히려 해고되는 예도 있다고 한다. 이것은 '목표에 의한 관리'가 아니라, '계약에 의한 관리'이다.

일본기업은 어떠한가. 평가대상을 상세히 나누고 있는 기업에서는 아래와 같이 나누고 있는 회사도 있다.

① 초기에 설정한 목표

② 주요 담당업무

③ 도중에 변동된 추가업무

상식적인 견해로는 '목표', '목표 이외의 일상업무'로 나누는 것이 바람직하다.

'목표는 업무를 진행하는 것을 전제로 설정하는 것이다.

1. 설정한 목표의 달성도를 있는 그대로 평가한다

돌발업무를 받아들였든, 받아들이지 않았든 설정한 목표를 달성하지 못한 것은 사실이다.

"정부의 경기대책이 계속 지연되고 있으므로 우리 회사의 수주가 증가하지 않는다. 게다가 내가 목표를 달성하지 못했던 것은 돌발업무를 상사로부터 무리하게 하달받았기 때문이다. 어쩔 수 없었다."

이러한 이유는 받아들여질 수 없다. 이렇게 되면, 사정에 따른 평가가 되며, 사실에 기초한 평가가 아니므로 평가의 공정성을 왜곡하게 되는 것이다. 이유는 어찌 되었든 설정한 목표의 달성도는 있는 그대로 평가하는 것이다.

2. 「목표 이외의 일상업무」, 「업무에 임하는 태도·의욕」을 평가한다

본인이 받아들인 돌발업무를 끝까지 완수한 것도 사실에 기초한 평가이다.

이 사실에 기초하면, 어떠한 형태로든 가산점을 부여할 수 있을 것으로 생각한다. '기간 도중에 추가업무 등으로 공헌을 한 경우에는 신고하기 바랍니다.'라고 평가서에 명기하고 있는 기업도 있다. 이 기업에서는 추가업무를 수행한 사실을 기재하도록 하여 평가의 대상으로 하는 것이다.

담당업무를 평가의 대상으로 할 것인가에 대해서는 견해가 엇갈리고 있다. 따라서, 업무에 임하는 자세·의욕·태도의 책임성으로 평가하는 것이 현명한 방법이다.

3. '그만큼 관심을 가지고 지켜보았다'라는 뜻을 전달한다

개인의 평가가 엄격해지면, 직원은 목표 이외의 것은 받아들이지 않는 경향을 보이게 된다. 이것이 지속하면 개인주의가 팽배해지고, 관리자는 직원을 조직적으로 운영할 수 없게 된다.

기간 도중에 돌발업무가 발생하여 "이것을 부탁하네!"라고 요청을 하여도 "그것은 나에게 평가되지 않습니다. 과장님이 직접 처리해주십시오!"라는 식이 되어버린다면, 관리자가 모든 일을 혼자서 맡아야 하고, 직원에 대해 경영을 할 수가 없게 된다. 이러한 악순환에 빠지지 않도록 하여야 한다.

그만큼, 업무를 받아들이고 또한, 끝까지 수행하여, 설정했던 목표를 달성할 수가 없었던 직원에 대하여는 충분한 지원이 필요하다. "추가업무를 받아들이는 것이 자기 평가에 마이너스가 된다. 다시는 받아들이지 않겠다."라고 직원이 부정적인 입장을 취하지 않도록 하여야 한다.

따라서, 면접에서 평가를 할 때에, 직원에게 추가업무의 수행에 대하여는 그만큼 가산점이 있다는 것을 전달하고, 본인의 노력이 보상을 받고 있다는 사실을 설명해 둘 필요가 있다.

4. 목표미달의 원인을 확인하고, 업무의 분담을 점검한다

직원이 추가업무를 전향적으로 받아들이게 하기 위해서는, 목표를 달성하지 못했던 원인을 확인하여, 문제가 있다면 그 직원에게 대책을 지시해 두어야 한다. 동시에 상사도 다음 사항을 되돌아 볼 필요가 있다.

① 추가업무를 부여할 경우, 특정의 구성원에 편중되지는 않았는가
② 효율화 할 수 있는 불필요한 업무는 없었는가
③ 과연, 추가업무를 분담시킨 직원은 적절하였는가

5. 직원의 업무수행에 보답하기 위하여, 인사고과의 구조를 이해해 둔다

추가업무를 직원에게 분담시키는 일은 끊임없이 발생하며, 관리자는 어떻게 평가할 것인가를 결정하지 않으면 안된다. 따라서, 다시 한번 인사고과의 구조를 이해하고, 자사의 기준에서 어떠한 평가를 내릴 수 있는지 확인해 두는 것이 필요하다.

평가과정과 평가결과를 공개할 때의 주의점은?

현재 문제점 ···?

   목표관리를 인사제도에 연계하는 기업이 늘어나고 있다. 연계하게 되면 면접으로 목표달성도뿐만 아니라 평가결과를 직원 본인에게 피드백하게 되는 것이다.

   평가는 평가과정을 공개하는 '공개평가 또는 평가산정공개"와 평가결과를 공개하는 '평가공개 또는 평가결과공개'로 ㄱ분한다.

   라고 말하고 있다. 그러나, 지금까지 평가를 공개하지 않고, 직원 본인에게 전달하지 않았던 기업에서는 평가결과를 개방하는 것에 대하여 관리자가 불안해진다.

   '만일, 상하 간에 엇갈린 평가가 나오면 어떻게 할 것인가?', '어떠한 순번으로 평가를 피드백하면 될 것인가?' 등이다.

   닫혀있던 평가를 공개할 때는 어떠한 점들을 주의해야 할 것인가?

1. 공개평가 및 평가공개의 장·단점을 파악하고 진행한다

평가가 개방된다고 해서 공개평가의 문제, 단점, 불안요소만을 부각시켜 우왕좌왕하는 것은 바람직하지 않다. 공개평가에는 나름대로 장점도 있다. 이러한 장점과 단점을 파악하여 진행하는 것이 중요하다.

우선, 장점에 대하여 살펴보면, 다음과 같은 사항을 들 수가 있다.

① 나쁘게 평가되고 있다는 직원의 의구심이 사라진다

② 직원의 강점과 약점을 명확히 함으로써 평가의 이해성을 높일 수 있다

특히, 직원의 입장에서 보면 자신에 대한 평가에서 그치지 않고, 앞으로의 자기성장을 위하여 강점과 약점을 명확하게 하는 것은 바람직하다. 전자는 평가가 공개되지 않기 때문에 불필요한 것들을 상상하게 되는 것이다.

평가를 상사로부터 전달받지 않으면, 신년도의 급여명세를 받아볼 때나, 상여가 지급되었을 때에 상여의 기준 월수나 승급된 금액을 계산해 본다. '이 번 연도도 역시 안 좋군! 우리 관리자는 내가 한 일을 인정해주지 않았단 말 인가?'라고 불만을 품게 될 것이다.

평가가 공개되어 상사로부터 "이번 연도의 평가는 종합적으로 A이다. 수고 가 많았다. 먼저, 자네의 책임성에 대하여는……"라고 하나하나 고과항목을 언급하면서 전달받는다면 불만을 갖지 않게 될 것이다.

반면, 마이너스적인 측면으로는 다음과 같은 점들을 들 수가 있다.

① 상하 간의 평가에 대한 차이가 확연해 지면, 때로는 대립이 생길 수가 있 다

② 직원의 약점을 지적함으로써 직원이 상처를 받을 수 있다

③ 부문(부서) 간에 동료들이 서로 평가를 공표함으로써 상사에 대한 불만이
집결하게 된다

이러한 단점에 대해서는 나름대로 대책을 마련할 필요가 있다. 공개평가
의 올바른 정착을 위해서는 관리자 개인의 노력뿐만 아니라 인사부문에서도
함께 지원을 해주어야 한다.

2. 평가를 공개한 이유, 취지를 관리자와 직원 쌍방이 이해하도록 한다

어느 기업에서, 지금까지 목표설정을 위한 면접만 하던 것을, 인사제도의
개정을 계기로 평가를 개방하게 되었다. 개정의 배경은 다음과 같았다.

"당사는 목표관리를 도입한 지 5년이 지났습니다. 따라서 목표를 인사평가
에 연계하여도 평가상에 큰 문제는 없을 것으로 생각하므로 평가 연동과 동
시에 평가를 공개하기로 하였습니다. 공정한 평가를 개방함으로써 이해성 있
는 평가를 실현할 수 있기를 기대합니다."

이처럼 「공정한 평가의 실현, 직원이 이해할 수 있는 평가의 실현」이 공개
평가의 일반적인 목적이다.

이러한 목적을 달성하기 위해서는 관리자와 직원이 책임을 지고 완수해야
할 사항이 있다.

첫째, 관리자는 직원과 직원의 업무를 정확하게 파악하도록 한다.

둘째, 직원도 상사에게 업무의 진행 상황을 보고함으로써 관리자가 직원의
업무를 쉽게 파악할 수 있는 상태가 되도록 한다.

평가를 공개하기 위해서는 그 나름대로 목적과 책임져야 할 의무를 이해
해 둘 필요가 있다.

3. 평가의 차이를 없앤다는 것이 아니라, 줄인다는 발상으로

성실한 관리자일수록 평가가 개방되면 '나의 평가와 직원의 자기평가가 엇갈리면 어떻게 할 것인가?'라는 걱정을 많이 하게 된다.

그러나, 걱정한다고 해서 차이가 없어지는 것이 아니다. 관리자가 모든 직원의 업무습관을 파악하기란 불가능하며, 직원은 자기평가에 대하여 우유부단할 수밖에 없다.

여기서 평가의 차이를 완전히 없앤다는 것보다 줄이기 위하여 노력한다는 쪽으로 발상의 전환을 하도록 하자.

4. 공정한 평가는 상사뿐만 아니라 관리자와 직원 쌍방의 노력으로 실현한다

'공정한 평가는 상사뿐만 아니라 관리자와 직원 쌍방의 노력으로 실현한다.'라는 발상의 전환을 하는 것이다. 관리자는 스스로가 공정한 평가를 위하여 해야 할 사항뿐만 아니라 직원이 노력해야 할 사항도 파악해 둘 필요가 있다.

1. 공개평가의 목적과 진행상에 직원 자신이 해야 할 사항을 설명한다

직원에게 이해·협력을 요구하는 공개평가를 도입하게 되면, 기업은 관리자에게 공정한 평가지도를 할 수 있도록 교육을 한다. 반면, 비 관리자 측은 조합설명회라든가 인사부문으로부터의 설명, 또는 주변 상황에 대한 짐작을 통해 알게 되는 정도이다.

사실은 이것이 맹점이다. 관리자가 인사평가의 기술을 향상한다 해도, 직원의 평가에 대한 대응 자세나 상고 방식이 변하지 않으면 바람직한 인사고과의 실현은 불가능하다. 그것은 다음과 같은 이유 때문이다.

- 인사고과의 대상을 관리자가 전부 파악할 수는 없다. 직원의 자기평가에 의한 근거 사실이 중요한 의미가 있는 것이다.
- 자기평가는 안이하게 되는 것이 일반적인 현재 문제점이며, 직원 스스로가 자기평가에 대한 자세를 바꾸는 것이 필요하다.

따라서, 관리자는 직원에게 특히, 평가를 개방함에서는 공개평가의 목적과 평가를 공정하게 하기 위해서는 직원 스스로가 지켜야 할 사항이 있다는 사실을 명확히 전달하고 시행하는 것이 중요하다.

적어도, 관리자는 목표설정 단계로 되돌아가서 다음과 같은 사항을 지시·실시하도록 한다.

☑ **목표설정 단계에서 실시해야 할 사항**

- 목표달성도에 대한 견해차를 방지하기 위하여 목표달성기준을 구체화, 명확화한다.
- 목표의 기초 안을 작성하도록 하여 직원 자신이 이해할 수 있는 목표를 설정한다.
- 어디까지 달성하면 평가가 A가 되는가(또는 B나 C인가)를 사전에 자기 평가를 시키도록 한다(가능한 경우).
- 자신의 목표가 부문(부서)의 목표와 어떻게 연관되어 있는지를 확인하도록 하여 조직에 공헌하고 있다는 중요성을 인식시킨다.
- 목표에 임함으로써 발생하는 능력향상 등의 장점에 대하여 자문자답해 보도록 한다.

☑ **달성단계에서 실시해야 할 사항**

- 목표달성을 향하여 스스로 노력하도록 한다

☑ **평가단계에서 실시해야 할 사항**

- 평가의 근거 사실 '평가의 7가지 근거(데이터, 설문조사, 자료·메모, 시험·자격, 사진, 참가·동석·동행, 현물)'를 준비하도록 한다.
- 직원의 향상된 점, 앞으로의 업무과제, 능력과제를 생각해보도록 한다.

2. 관리자는 자사의 고가기준을 이해하고 실천한다

물론, 관리자 자신도 해야 할 사항을 실천한다. 자사의 목표관리지침서, 고과제도의 개요를 자세히 읽고 자사의 기준에 따라 진행하여야 한다.

최소한 다음의 실시사항은 확인해 두기 바란다. 그 대부분이 직원이 해야 할 사항의 양면과 같다는 사실을 깨닫게 될 것이다.

☑ 설정 단계에서 관리자가 해야 할 사항

- 목표달성도에 대한 평가의 견해 차이를 방지하기 위하여 면접 전후에 목표달성기준의 구체화, 명확화를 점검하고 애매한 부분을 수정한다.
- 직원에게 달성목표에 대한 관리자의 기대를 전달한다.
- 직원의 담당업무를 파악해 두고, 평가 시 주목해야 할 점을 의식해 둔다.
- 직원의 장점과 단점, 능력을 확인하고 능력과제의 후보를 파악해 둔다.
- 부문(부서) 목표의 설정 배경을 직원에게 이해할 수 있는 말로 설명한다.
- 목표에 전념함으로써 생기는 능력향상 등의 이점을 구체적으로 이해시킨다.

☑ 달성단계에서 실시해야 할 사항

- 목표달성이 지연되고 있다는 사실을 깨닫게 되면 정상궤도로 되돌리기 위한 지도를 한다.

✓ 평가단계에서 실시해야 할 사항

- 평가를 뒷받침하는 사실 '평가의 7가지 근거(데이터, 설문조사, 자료·메모, 시험·자격, 사진, 참가·동석·동행, 현물)'를 준비한다.

- 직원의 목표달성과정에서 훌륭했던 점, 개선해야 할 점과 업무과제, 능력과제를 지적하고 과제해결을 위한 조언을 한다.

이밖에도 많이 있지만, 한두 가지만이라도 실천해 보기 바란다.

목표달성 기간에 인사이동한 경우 평가 포인트는?

현재 문제점 ···?

경영주기는 조직 안에서도 부문에 따라 다른 듯하다. 개발부문은 조사분석 → 기획 입안 → 실험 → 생산개시의 단계가 되고, 그 기간도 3개월이 걸리는가 하면 8개월이 걸리는 예도 있다.

이러한 주기로 개발업무가 진행되고 있으며, 개발부문의 관리자는 업무의 진행단계에 따라 진척관리·평가를 하고 있다. 실험작품이 완성된 시점에서 생산 가능성을 점검하거나, 기한이 도래하였는데도 기획안이 나오지 않으면, 조언하면서 지체된 목표를 정상궤도에 되돌릴 수 있도록 지도를 해나가는 것이다.

이처럼 업무의 진행 도중에 지도하는 것을 필자는 「구간경영」이라고 부르고 있다.

영업소의 핵심이 되는 신규개척업무는 개척대상의 발굴 → 신규개척 방문 → 예상 고객의 평가·추출 → 개척·계약성립의 주기로 돌아가고 있다. 영업소장은 신규개척상황을 일간, 주간, 월간의 주기로 진척을 관리하며, 필요에 따라 최종단계에서 동행하는 일도 있다. 또한, 반년·1년 단위로 평가를 하고, 다음연도의 목표작성에 반영시키고 있다.

한편, 목표관리는 기본적으로는 반년, 1년을 단위로 평가하는 경영주기로 되어있다. 즉, 연도의 결산을 구획으로 하는 것이다.

그러나, 인사부가 발령하는 인사이동의 주기는 이와 차이를 보인다. '4월에 목표를 설정하자마자 6월에 이동이 되면 목표달성에 착수한 지 얼마 안 된 상황에서 평가하기란 곤란한 일이다.', '어중간한 시기에 이동이 되면 다음 과정이 매우 곤란해진다.'

이와 같은 문제점을 고려하여, 관리자는 이동한 사람에 대한 평가를 어떻게 해야 힐 것인가?

지도 포인트

1. 자사의 기준을 기본원칙으로 한다

원칙이 되는 것은 자사의 인사이동을 진행하는 기준이다. 즉, 이동에 대하여는 각 기업에 따라 규칙이 다양하기 때문이다. 자사의 인사이동규칙이 매뉴얼에 게재되어 있으므로 확인해 두기 바란다.

2. 사람과 목표의 구성을 재평가한다

우리는 이동자의 목표달성도에 대한 평가에 관심을 가지게 된다. 하지만, 이동에 의해 목표와 사람과의 조합이 변화되므로 다시, 그 조합을 다시 판단하지 않으면 안 된다. 즉, 최초에 목표를 설정한 직원이 다른 부문(부서)으로 이동하여도 후임의 담당자에게 계승시키거나, 관리자가 후임자의 능력 상황을 파악하여 경우에 따라서는 계승시키지 않고 다른 구성원에게 계승하도록 하는 경우도 있으며, 관리자 자신이 직접 담당하기도 한다.

이동에 따라 '목표를 누구에게 배분할 것인가?'를 관리자가 판단하여야 한다. "나와는 관계가 없다. 전임자와 후임자가 알아서 인수인계를 잘 해 주기 바란다."라고 끝나는 것이 아니다. 관리자는 이동 시의 대처방법, 직원의 지도방법을 명확히 해둘 필요가 있다. 목표달성도를 평가하고, 인사고과 상의 평가문제를 해결하는 것이 전부는 아니다.

실천 포인트 ·· ♣

1. 타사의 인사이동 규칙을 알아둔다

우선, 타사에서는 어떠한 이동규칙을 바탕으로 평가하고 있는지 조사해 본다. 대표적인 예를 몇 가지 제시해 보자.

○○사에서는 다음과 같은 인사이동규칙을 설정하고 있다.

"목표달성 기간 도중에 이동한 사람은, 그 시점에서 본래 소속 부문(부서)의 상사에 의해 최종평가가 결정됩니다. 또한, 새로운 부문(부서)에서는 신규업무고과표(MBO)에 따라 새로운 개인목표를 설정하기 바랍니다."

"도중에 이동한 사람의 최종평가는 국내는 발령일, 국외는 실제 이동한 날짜를 기준으로 해서 재적 기간 비례배분으로 결정하겠습니다."

○○여행사에서는 목표계획서에 직무의 변경 등에 따른 수정목표 란을 만들어, 재설정하도록 하고 있다.

2. 이동 시점에서 이동자의 달성도를 명확히 한다

관리자는 우선, 직원의 이동 시점에서 목표의 모든 달성도를 명확히 하여야 한다. 통상의 평가와 마찬가지로 평가의 근거를 준비하게 하고, 구체적인 사실에 기초하여 평가할 수 있도록 한다. 그다음에 자기평가를 하게 하고 면접을 하여 평가를 교환한다. 이동을 계기로 달성 도중의 목표와 사람의 조합을 생각한다.

다음으로, 관리자는 달성 도중인 목표를 누구에게 배분할 것인가를 판단하시 않으면 안 된다. 이것은 새롭게 배치되어오는 직원의 직무배분 뿐만 아니라, 구성원과의 조합을 바탕으로 회사전체의 직무편성을 검토해야 하는 것이기도 하다.

3. 새롭게 인수하는 목표를 직원에게 이해시킨다

이번에는 새롭게 담당하는 직원에게 달성 도중의 목표를 이해시킨다. 구체적으로는 다음과 같은 것을 설명해 둘 필요가 있다.

① 목표는 어디까지 진행되고 있는가?
② 앞으로 어떤 일을 진행해야 하는가?
③ 목표설정의 배경은 조직에 있어서 어떠한 중요한 의미가 있는가?
④ 그 목표는 직원 자신에게 있어서 어떠한 중요한 의미가 있는가?
⑤ 목표를 추가로 인수하면 인사평가에 있어서 어떠한 이점이 있는가?
⑥ 본래의 직무, 다른 목표를 진행하면서 고려해야 할 사항은 무엇인가?

4. 목표를 추가한 직원을 지원한다

특히, 주의해야 할 것은, 직장 내의 직원에게 목표가 추가될 경우 반드시 업무가 증가한다는 것이다. 그 부담감을 해소하고, 본래의 업무는 물론, 설정한 목표, 추가된 목표도 착실히 달성해 가도록 선도해 가는 것이 중요하다.

5. 새로 배속된 직원에 대한 인수인계는 처음부터 상세하게 한다

그 직장에서 일하던 직원이 뒤를 이으면 현황의 이해가 빠르지만, 새로 배속된 직원은 직장의 현황조차 충분히 이해할 수가 없다. 따라서, 그러한 사정을 고려하여 상세히 지도하는 것이 필요하다.

특히, 추가로 설명해야 할 사항으로는 다음과 같은 것이 있다.

① 직장의 업무구성은 어떻게 되어있는가?

② 누가 어떤 업무를 담당하고 있는가?

③ 배속자의 담당업무는 무엇이며, 어느 담당자와 연계되어 있는가?

이상의 사항을 업무분장규정이나 업무분담표 등을 활용하면서 설명하면 도움이 될 것이다.

6. 목표를 누구에게 인수하도록 할 것인가 검토·결정한다

이동한 직원이 담당하고 있던 목표가 진행 도중에 있으면, 그 목표를 누군가에게 인수하도록 해야 한다. 업무는 담당업무와 표리일체를 이루므로 담당자를 재평가한 후에 정하는 것이 현명하다.

다음의 표에 표시한 것과 같이 업무의 숙달도 분석표를 작성한다. 세로를 「주요업무」, 가로를 「직장의 구성원」으로 한다. 관리자의 판단으로 '이것은 한 사람으로 가능하다'에는 「○」, '관리자의 지도가 필요'에는 「△」, '다루어

본적이 없다, 모르겠다'에는 「×」를 대강의 짐작이라도 괜찮으므로 표시를 해 본다. 이것을 이동 전에 표시한다. 이것이 이동 전에 균형을 이루던 상황이다. 그때, 어느 업무가 허술한지 체크해 두었다가 나중에 보강할 후보로 지정해 둔다.

✅ 이동 후 허술해진 부분에 이동을 검토한다

이동자가 담당하고 있던 업무를 확인하고, 아래 사항을 검토한다.

① 다른 구성원에게 위임할 것인가?, 그 경우 부담이 되지 않도록 효율화 할 필요는 없는가?

② 새롭게 배속된 구성원에게 위임할 것인가?

③ 구성원에게 위임하기가 곤란할 경우, 관리자가 맡을 것인가?

✅ 백지로 돌아가 이동을 검토한다

중간사원의 직원이 이동한 경우에는, 구성원 전원의 업무분담을 재수정 하는 경우가 많다. 중간사원이 담당하고 있던 어려운 업무를 특정의 구성원에게 담당시키는 것은 부담이 되기 때문이다. 그러한 경우에는 백지로 돌아가 생각을 하여야 한다.

순환근무를 위한 업무능력 분석표 〈기재 예〉

소속 _____   작성자 _____   200 년 월 일

업무분류	성명	김가	이가	홍가	정가	박가	염가				
사입업무	발주계획				○						
	수시발주			△		○					
	재고관리				○	◎					
점두업무	전화대응				◎						
	수금관리			◎							
	입력업무			○							
경리업무	은행업무	◎	○	△							
	지불업무	○	△								
	현금출납										
서 무					◎						

◎ 숙련   ○보통   △ 부족

※ 담당하고 있지 않는 업무는 공란으로 한다.

노력했지만 목표를 달성할 수 없었던 직원에 대한 지도 방법은?

현재 문제점 ·····································?

"십중팔구 달성할 수 없을 것 같은 목표에 도전하는 것이 진정한 도전성이다. 이 목표에 반드시 도전하기 바란다."

관리자의 동기부여에 기초하여 직원은 목표를 설정한다. 본래, 이처럼 레벨이 높은 목표라면 달성할 수 없는 경우도 많다.

또한, 초기에는 노력하면 달성할 수 있는 목표였지만, 도중에 환경의 변화로 인해 레벨이 높아져 달성할 수 없게 되는 예도 있다. 목표라는 것은 미리 달성이 약속된 것이 아니다. 그렇다면, 달성하지 못했을 때 어떻게 지도해야 할 것인가?

지도 포인트 ···································

1. 달성·미달성을 불문하고, 달성결과를 다음연도의 목표에 계승한다

평가는 설정한 목표의 달성결과를 확인하고 거기서 끝내는 것이 아니다.

다음연도에 계승해야 한다. 그런 의미에서 목표는 끝이 없는 것이다.

2. 조직·개인에게 있어서 미달성의 의미를 명확히 한다

목표를 달성하지 못한 것은 조직에서도, 개인에게 있어서도 바람직하지 않다. 한 사람의 직원 목표가 달성되지 못하였기 때문에 부문 전체의 목표도 달성하지 못하는 예도 있다. 이처럼 조직에 막대한 영향을 주는 예도 있다.

그러한 경우, 개인 한 사람의 문제에서 끝나는 것이 아니다.

처우에 연계되어 있으면, 올바른 평가의 재료가 될 수가 없다. 본인의 실천 동기에 악영향을 미치고, 하고자 하는 의욕을 잃게 되는 예도 있다.

이러한 양면성을 고려하여, 관리자는 한 사람의 목표라도 소홀히 할 수가 없다. 관리자는 달성하지 못한 사실의 중대성을 받아들이고, 그 원인을 파악할 필요가 있다.

3. 부드러움과 엄격함으로 지도한다

만일, 일을 방관하여 목표를 달성하지 못한 직원과 열심히 하였지만, 목표를 달성할 수 없었던 직원이 있다면, 누구라도 후자의 직원을 존중하게 될 것이다.

그러나, 직원의 노력에도 불구하고 달성하지 못한 경우도 얼마든지 발생하게 된다. 이럴 때 노력한 사실에 대하여 평가를 하고, 달성하지 못했다는 현실을 무시한다면 목표는 그대로 방치될 것이다. 따라서, 결과는 결과로서 냉정하게 평가하고, 달성하지 못한 원인과 바람직한 달성계획을 명확히 해나가는 것이 중요하다.

한편, 직원의 노력을 칭찬하고, 앞으로도 계속하여 노력해 가도록 격려하는 것도 매우 중요하다. "자네의 노력이 이번에는 결실을 보지 못하였지만,

다음에는 반드시 좋은 결과를 얻을 수 있을 것이다. 앞으로도 열심히 하기 바란다."라고 격려하는 것이 관리자의 역할이다. 이처럼 부드러움과 엄격함이 동시에 요구되는 것이다.

실천 포인트 ♣

1. 달성하지 못했던 목표가 조직에 미친 영향을 구성원에게 전달한다

우선, 직원이 달성하지 못한 목표가 조직에 있어서 어떠한 중대한 의미가 있는가를 본인이 깨닫게 할 필요가 있다. '나 자신의 평가가 나빠질 뿐이다, 다음에 잘하면 되겠지!'라고 안이하게 받아들이는 것은 바람직한 것이 아니다. 달성하지 못한 것을 계기로, 조직의 일원으로서의 책임감을 느끼게 하고 '해야 한다.'라는 기개를 가지도록 한다.

예를 들어, "자네가 목표를 달성하였다면 영업소 전체의 목표가 달성되었을 것이다." 등과 같이, 다소 혹독하기는 하여도 본인에게 그 목표의 중요성을 깨닫게 하는 것이 중요하다.

또한, "내년에는 반드시 이 목표를 계승하여 달성할 수 있도록 하기 바란다."라는 기대도 아울러 전달하는 것이 필요하다. 직원을 몰아붙여서는 안 되며, 동기를 부여하여야 한다.

2. 달성하지 못한 원인을 파악하고, 다음 목표에 어떻게 반영시킬 것인가를 지시한다

'달성 못 한 목표를 앞으로 어떻게 집중하게 할 것인가?'

관리자는 신중하게 판단하고 직원에게 지시하여야 한다. 그것이 다음 목표에의 반영이다. 구체적으로는 '중단하고 관망할 것인가? 계속할 것인가? 종료시킬 것인가?'를 판단하고 직원에게 지시한다.

3. 다음 기회의 달성을 위하여 지원을 약속한다

열심히 했는데도 불구하고 목표를 달성하지 못한 직원은 정신적으로 침체되는 것이 일반적이다. 따라서, 보조 요원을 지원하는 등, 가능한 한도 내의 지원을 약속하며 다시 한번 긍정적인 자세로 목표에 임하도록 격려하고, 동기를 부여할 필요가 있다.

PART 6
어려운 조직환경에서의 목표관리 전개

Question
1. 업무가 많은 조직에서 목표관리를 진행하기 위해서는
2. 다수의 직원을 상대로 목표관리를 진행하기 위해서는
3. 접촉할 기회가 적은 직원에 대한 목표관리의 진행은
4. 교대근무하는 직장에서 목표관리를 진행하기 위해서는
5. 조직의 인원 구성이 불균형한 경우 목표관리의 진행은
6. 신설부문에서 목표관리를 전개하기 위한 핵심은

관리자가 관리하는 대상은 직원을 포함한 직장이다. 그 직장환경에 따라 경영의 난이도, 목표관리의 난이도도 변하게 된다. 200명의 직원이 있는 직장보다도 30명의 소수직장이 면접하기 쉬운 것은 당연하다.

그러나, 직원이 많은 직장일지라도 관리자는 어떻게 하든 목표관리를 진행하지 않으면 안 된다. 그것이 바로 운용의 노하우·고안이다.

직장환경은 직원의 인원수뿐만 아니라 교대근무 등의 근무형태, 구성원의 연령구성 등 다양한 요소에 따라 변화된다. 그러한 사실을 파악한 후에 운용의 노하우를 활용하여 목표관리를 진행하는 것이 중요하다.

업무가 많은 조직에서의 목표관리를 진행하기 위해서는?

현재 문제점 ....?

목표관리를 도입하면 필연적으로 발생하는 문제가 「실무의 증대」이다. 목표계획서의 작성, 목표설정·평가의 면접을 새로이 한다거나, 목표 공유화를 위하여 부문(부서) 회의의 횟수가 증가한다. 또한, 설정한 조직목표의 배경을 직원에게 이해시키기 위한 설명회를 개최하는 등, 관리자가 해야 할 경영활동이 산적하다.

이전부터 이러한 경영활동을 하고 있던 관리자의 처지에서 보면, 업무는 좀처럼 변하지 않는다. 스스로가 실시하고 있던 것이 조직적으로 제도화될 뿐이다.

하지만, 지금까지 아무것도 하지 않았던 관리자에게 있어서는 여러 가지 부담이 발생하게 되는 것이다. 그래서, '목표관리는 업무량의 증대를 초래할 뿐, 좋은 점은 아무것도 없다. 차라리 그만두는 것이 낫다.'라며 불평을 하게 된다. 훌륭한 진행방법은 무엇인가?

지도 포인트 ·· 🖉

1. 관리자와 직원 쌍방이 서로 목표관리 도입의 장점을 확인한다

목표관리를 도입하는 것이 관리자와 직원에게 있어서 어떠한 장점이 있는 지를 서로 이해하는 것이 무엇보다도 중요하다. 목표관리를 도입하면 여러 가지 업무가 증가한다. 그러한 업무의 증가를 감수할 만큼의 이점이 없다면 받아들이기 어려우며, 무리해서 도입한다 해도 정착을 할 수가 없다.

도입의 이점을 인식시키는 것은 본래 인사부문의 업무이다. 그러나, 관리 자 스스로가 직장에서 직원에게 인식시킴으로써, 담당자는 물론, 관리자 본 인도 인식을 강화할 수가 있다.

2. 관리자의 부담감을 줄인다

목표관리 도입의 이점을 인식하여, 경영활동, 업무의 증대를 이해하고 진 행해 가는 예도 있지만, 역시 관리자에게 있어서의 부담감은 씻을 수가 없 다. 따라서, '목표관리를 도입하면 업무가 증가한다.'라는 관리자의 부담감을 줄이는 것도 필요하다.

목표관리의 정착에는 우선, 관리자의 지지를 얻어내야만 한다. '목표 관리가 직장의 경영에 매우 도움이 된다. 좋은 것이다.'라고 관리자가 이 해를 해야 한다. 그러기 위해서는 관리자가 종사하는 관리업무, 경영활 동을 효율화하여 증가하는 경영활동을 받아들일 수 있는 여력을 창출하 여야 한다. 즉, 목표관리의 도입으로 인해 증대되는 경영활동, 한편으로 는 종래의 경영활동의 효율화로 균형을 유지하는 것이다.

3. 직원의 부담감을 줄인다

부담감은 관리자뿐만이 아니다. 직원도 느끼게 된다. 일상업무의 시간을 쪼개어 목표계획서를 기재한다거나, 면접시간을 할당하고, 회의에 임하는 등 업무량의 증대로 부담감을 느끼게 된다. 그러므로 관리자뿐만 아니라 직원의 업무증대에 대한 부담감도 줄이지 않으면 안 된다. 그렇게 하기 위해서는 직장의 업무를 줄일 필요가 있다. 구체적으로는 목표관리도입에 앞서, 직장 전체의 업무를 전원이 줄여가도록 하는 것이다.

실천 포인트

1. 목표관리 도입의 이점을 직원에게 설명한다

목표관리 도입의 이점을 직원에게 설명한다. 대표적인 이점으로는 다음과 같은 것들이 있다.

① 목표계획서를 작성하여 1년 동안 의식하면서 목표에 임할 수가 있다

② 목표를 설정함으로써 업무의 중점화를 도모할 수가 있다

③ 면접을 통해 관리자와 차분히 대화할 기회를 1년에 수차례를 공평하게 확보할 수가 있다

④ 목표검토 회의에 참여하여, 자기 생각을 목표에 반영할 기회를 확보할 수 있다

⑤ 평가 면접을 통해 1년 동안의 성과를 공식적인 기록으로 남겨, 공정한 평가에 연계할 수가 있다

⑥ 평가 면접을 통해 자신의 능력과제를 발견할 수가 있다

아울러, 관리자 자신도 다음과 같은 이점을 자각해 두기 바란다.

① 면접, 회의를 통해 자신의 경영능력을 향상할 수 있다

② 연간의 설정·달성관리·평가일정표에 따라 진행함으로써 경영활동을 체계적으로 진행할 수가 있다

③ 목표검토 회의의 특징적인 요인을 표로 작성하는 방법, 조직목표를 직원에게 이해시키는 방법 등, 경영의 각종 기술을 체득할 수가 있다

2. 관리자의 경영활동을 형태별로 재평가하여 중요도를 설정한다

관리자의 경영활동을 효율화하기 위해서는 활동형태별로 재평가하는 것이 가장 바람직하다. 관리자의 활동은 '회의, 모임', '면접', '자료작성', '자료입수', '자료판독', '전화', '전자메일', '고객 접대', 그 외(방문·참가·이동) 등이 대표적인 것들이다.

이러한 형태별로, 현시점의 경영활동에서 '번거로운 것, 불필요한 일은 아닌가?'라는 관점에서 효율화할 수 있는 업무를 찾아낸다. 한편으로는, 목표설정·평가 면접, 목표검토 회의 등, 강화해야 할 경영활동이 있으므로 양자를 병행하여 질과 양의 측면에서 평가해 간다.

이 방법은 관리자 혼자서도 실시할 수 있지만, 연수 등을 통해 전원이 함께 실시하는 것도 가능하다. 연수에서 각 관리자에게 효율화의 아이디어를 생각나는 대로 제기하도록 한다. 그것을 카드에 기재시키고, 그룹별로 검토하도록 하여 구체화한다. 제기된 효율화의 아이디어는 '즉시 직장에서 실시 가능한 것', '회사 전체 또는 조직부문 간에 조정검토가 필요한 것'으로 나누어, 전자에 대하여는 관리자에게 직장에서 실시하도록 하고, 후자에 대하여는 인사부문의 결제사항으로서 사내의 적당한 기관에서 평가하도록 한다. 이러한 효율화에 의해 새로이 증가하는 면접·회의 등의 경영활동이 간소하게

되는 것이다.

또한, 관리자의 주요한 경영활동인 면접·회의에 대하여는 특별히 조사하고, 조정하는 것도 바람직하다.

3. 직장의 업무 전체도 효율화한다

담당자를 위하여 직장의 업무 전체도 효율화한다.

효율화의 구체적인 관점으로는 다음의 7가지가 있다.

① 폐지(불필요한 업무를 없앤다)

② 간소화(더욱 간단한 형태로 개정한다)

③ 사무자동화(업무를 컴퓨터나 OA 시스템으로 전환한다)

④ 집중화(어는 특정한 곳에 업무를 집중시켜 전체적으로 효율성을 높인다)

⑤ 외주화(외부에 위탁함으로써 상대적으로 비용을 줄인다)

⑥ 서비스 수준의 다운(업무의 서비스 수준을 내림으로써 효율화를 도모한다)

효율화를 7가지 관점에서 진행할 경우, 몇 가지 중요한 사항이 있다. 우선, 「폐지」에 대하여는 적어도 효율화의 아이디어 중에서 2할에 가깝도록 제기하는 것이 좋다. 업무를 폐지하는 것은 내일부터는 그 일을 하지 않아도 된다는 것으로써, 업무증가에 대한 부담감의 경감효과가 가장 두드러지기 때문이다.

폐지를 과감하게 한다고 하여, 중요한 업무까지도 폐지해야 한다는 것은 아니다. 가까운 주변의 서무업무라도 상관없다. 예를 들어, '차 서비스를 폐지하여, 사원이 차 서비스를 받지 않고 스스로 알아서 한다.' 정도로도 상관없다.

또한, 폐지하면 업무에 지장을 초래할지 모른다는 관리자, 담당자의 불안감을 해소하기 위하여 시험적으로 일정기간 폐지해 보는 방법이 있다. 일시적으로 폐지하여 그 기간에 아무런 문제가 발생하지 않으면, 정식으로 폐지하는 것이다. 그렇게 하여 업무를 효율화하고, 부담감을 줄이는 것이다.

또, 한 가지 주의할 것은 「안이하게 사무자동화하지 않는다.」는 것이다. 사무자동화하면 업무가 줄어들 것이라는 것은 생각일 뿐이다. 사무자동화에 의해 효과를 올리기 쉬운 것은 계산업무, 회의실 등의 예약업무 등이다.

반대로, 사무자동화로 인해 업무가 증가는 경우도 있다. 전형적인 예가 프레젠테이션 자료의 작성작업이다. 어느 광고부문에서는 자료에 너무 몰두한 나머지, 오히려 담당자의 잔업이 증가한 예도 있다.

업무 전체의 효율화는 담당자 개인 차원에서 진행할 수가 있지만, 관리자가 선도하여 직장 전체가 함께 진행하는 것이 바람직하다.

7가지 관점에서 아이디어를 각자 제시하도록 하여, '즉시 직장에서 실시할 수 있는 것', '타 부문, 회사 안에서 조정을 거쳐야 하는 것'으로 나누어, 관리자는 후자를 적당한 부문(부서)에 맡겨 진행하도록 한다.

관리자 활동 자기평가서

활동형태	자기평가		효율화 사항 (필요, 불필요, 문제점)	효율화 아이디어
	질	양		
회 의 참 석				
면 접				
자 료 작 성 · 계 산				
자 료 수 집				
자 료 분 석				
전 화				
고 객 접 대				
기 타 (방문·참가·이동)				

부서:　　　　　직급 :　　　　　　성명 :

작성일 : 20　년　월　일

•질과 양에 대한 자기평가의 평점(A: 높다   B: 만족한다   C: 낮다)

다수의 직원을 상대로 목표관리를 진행하기 위해서는?

현재 문제점 ···?

　목표관리에서는 목표설정 및 평가에 있어서 면접이 최소한의 의무로 되어 있다.

　이전에, 산업능률대학이 대형상장기업을 대상으로 조사한 설문조사에서는 1인당 면접시간은 30분에서 1시간이었다. 각 기업의 관리목표 매뉴얼에도 1인당 1시간이 평균적인 면접시간이었다.

　부서의 직원이 5~6명인 직장의 관리자라면 이 정도의 면접시간이 그다지 큰 부담이 되지 않는다.

　그러나, 부서의 직원이 10명을 넘으면 "인원이 많아 면접할 수 없다."라고 불평하는 관리자가 나오게 된다. 그중에는, 면접을 포기하고 목표계획서의 제출·점검에서 끝내는 관리자도 나오게 된다. 다수의 직원에 대하여는 어떻게 대처해야 할 것인가?

1. 원리·원칙에 구애받지 않고 유연하게 추진한다

직원이 다수인 직장에서도 면접을 하는 관리자가 있는가 하면, 인사부문이 특별조치를 하여 하위의 감독자에게 면접을 위임하는 곳도 있다.

관리자의 의욕적인 자세로 인해 면접이 가능해지거나, 직장의 사정으로 인해 규정대로 시행하지 못하는 곳도 있는 것이 현실이다. 따라서, 가능한 면접 이외의 선택지도 제공하여, 관리자의 유연한 행동을 촉진하는 것이 바람직한 방법이다. 무리하게 원칙·규정에 구애받을 필요는 없다.

1. 하위의 관리감독자에게 면접을 위임한다

공장장과 같이 제조부문의 과장급 관리자에게 평가권을 이양하여, 목표관리의 면접을 하도록 하는 예도 있다. 그러나, 실제로 100명을 초과하는 직원을 면접한다는 것은 불가능하다. 어느 기업에서 60명이 넘는 직원을 관리자가 정확하게 목표관리를 하였다는 이야기를 들은 적이 있는데, 그 관리자는 경영에만 전념하고, 그 외의 업무는 하위의 관리자에게 위임하였다고 한다.

실제 상황에서 60명이 넘는 직원을 한 사람의 관리자가 면접한다는 것은 무리이므로 하위의 관리자에게 위임하는 것이 현명하다.

2. 표준시간을 설정하여 효율적으로 면접을 시행한다

기업에 따라서는 10인 정도의 직원이라면 면접을 하는 경우가 적지 않다.

하나의 방법으로서 표준시간을 설정하여 효율적으로 면접을 하는 경우가 있다. 대형항공회사인 A사는 월례회의에서 조종사가 과장과 1인당 40분에서 60분 정도 면접을 하고 있다고 한다.

면접이 끝나면, 다음 구성원이 옆 회의실로부터 호출되어 차례로 면접을 하게 된다. 또한, 옆 회의실에서는 과장 대리가 월례회의를 면접과 동시에 병행하여 실시하고 있어, 효율적인 면접이 가능하게 된다.

3. 전자메일, 서면교환 등 수단을 다양화하여 면접을 시행한다

또 하나의 경우는, 30명 정도의 직원을 가진 관리자가 실시했던 운용상의 고안이다. 그 과장은 1개월 전에 목표의 설정을 직원에게 요청하고, 면접 2주 정도 전에 목표계획서를 제출하도록 하였다. 그 제출한 목표계획서에 관리자는 첨삭하여 바람직한 것에는 「○」, 바람직하지 못한 것에는 「×」를 붙이고 코멘트를 기재한 후, 본인에게 계획서를 돌려준다. 계획서를 받아든 직원은 목표계획서의 첨삭 결과를 바탕으로 필요에 따라 목표를 수정한다. 그러고 나서, 면접하는 것이다.

따라서, 실제 면접은 빠른 사람은 10분, 시간이 걸리는 사람도 60분이면 충분히 할 수 있다. 또한, 도중에 관리자와 직원의 의견교환에 전자메일 등을 활용하여, 견해 차이가 있어도 문제없이 효율적으로 대화해 갈 수가 있다.

접촉할 기회가 적은 직원에 대한 목표관리의 진행은?

현재 문제점 ···?

　SE(시스템엔지니어)와 같이 대부분 시간을 거래처에서 보내는 직종이 있다. 때문에, 관리자와 직원이 만날 기회가 거의 없게 되고, 목표의 설정 및 평가를 위한 면접의 기회도 만들기가 좀처럼 쉽지가 않다. 또한, 평가에서는 직원의 업무형태를 거의 관찰할 수가 없으며, 달성도 평가를 진행하면서 근거 사실을 파악할 수 없는 문제가 생기게 된다.

　그 외에도 항공회사의 조종사나 객실승무원, 컨설턴트 등, 특수한 직장이나 출장영업이 빈번한 직종을 통상의 기업에서도 볼 수가 있다. 이러한 경우 어떻게 대응해야 할 것인가?

지도 포인트 ···

1. 서로 다른 직장의 특성과 경영 포인트를 이해한다

　우선, "서로 다른 직장"이 바람직하지 않다는 사고방식을 버려야 한다. 단, 서로 다른 직장 안에서 바람직한 목표를 전개해 가기 위해서는 나름대로 고안이 필요하다. 그 특성을 이해하고, 관리의 요령을 터득해야 한다. 예를 들어 「관리자와 직원의 직장이 다르다 → 만나는 기회가 적다 → 의도적인 만남을 조성한다」 등이다.

2. 효율적인 관리를 우선으로 한다

의도적으로 만남의 장을 조성하였다 해도, 관리자는 물론 직원도 상당한 시간적 제약이 있다. 근본적으로, 만남의 기회를 강제로 조성하는 것에는 한도가 있다. 따라서, 효율적인 관리를 우선하여야 한다. 일대일 대면에 의한 면접에 구애받지 않고, 다양한 커뮤니케이션 수단을 이용하여 대응할 필요가 있다.

실천 포인트 ♧

1. 면접을 정례화·일정표화 한다

일하는 직장이 다르면 관리자와 직원은 서로 만날 기회를 만들기가 좀처럼 어려워진다. 이럴 때, 만날 기회를 연도 일정표에 포함해 적어도 목표설정 및 평가를 위한 면접의 일정표를 확보하는 것이 현명한 조치이다. 항공회사의 조종사도 연간 비행일정표를 조정하여 면접을 하고 있다.

일정표화는 또 다른 예도 있다. 1년에 한 번 정도는 회사 및 부문(부서)의 당해 경영방침을 설명하기 위한 '합동 설명회'를 통하여 거의 모든 사원이 참가하고 있는 공장도 있다.

또한, 항공운송서비스의 조종사 관리자는 연도 일정표의 월례모임에 맞추어 목표설정, 평가 면접을 하고 있다. 과장 대리가 회의실에서 과장을 대신하여 통상의 월례모임을 진행하고, 바로 옆의 사무실에서 부장이 직원과 개별면접을 진행한다. 면접시간은 미리 정해져 있으며, 30분에서 45분 안에 면접대상자, 순번, 시간대를 정하고 진행표를 준비하여 실시하고 있다.

이에 따라, 조종사라는 특수한 직종에서도 의도적인 만남의 기회를 창출하고, 일정표화, 표준화함으로써 효과적, 효율적인 면접이 가능한 것이다.

2. 커뮤니케이션 수단을 다양화하여 효율적으로 면접을 진행한다

E-mail, 팩스, 전화 등의 커뮤니케이션 수단을 활용하여 목표의 설정과 평가를 진행한다. 면접은 어디까지나 수단의 선택지 중 하나일 뿐이다.

앞서 소개한 직장에서는 다음과 같은 방법을 채용하고 있다.

① 목표의 기초 안을 E-mail이나 팩스로 사전에 상사에게 통보한다

② 진행 상황을 E-mail이나 영업일지로 보고하고 상사로부터 조언을 받는다

3. 관리자는 철저한 사전준비를 한다

위의 예에서 등장하는 관리직은 나름대로 치밀한 사전준비를 하고 있다.

조정사 관리자는 면접용 자료의 점검리스트를 작성하여 빠짐이 없도록 진행하고 있다. 목표설정을 위한 면접에서는 부문(부서)의 연도 방침, 사전에 첨삭한 직원의 목표계획서, 전년도의 목표계획서 등을 준비한다.

평가를 위한 면접에서는 목표계획서뿐만 아니라 목표의 달성도를 증명하는 평가의 근거와 다음연도에 직원 본인이 실천하기를 바라는 능력과제에 관한 자료, 또는 능력개발을 위한 통신교육, 연수프로그램 안내 등을 준비한다.

준비는 관리자뿐만 아니라, 직원에게도 마찬가지로 준비하도록 하여 면접에 임한다. 상사·직원 쌍방이 준비함으로써 서로 다른 직장일지라도 효과적·효율적으로 진행할 수가 있다.

4. 평가의 근거를 확보한다

관리자와 직원의 직장이 다르다는 것은 '관리자와 직원을 거의 관찰할 수 없다.'라는 것이다. 관찰할 수 없는 상황에서 평가하기 위해서는, 그 나름대로 노력과 고안이 필요하다. 우선은 목표달성평가의 근거를 준비함으로써, 목표에 대한 달성결과의 증거를 확보한다.

5. 관리자와 직원 쌍방이 근거를 준비한다

관리자의 관찰이 중시되어 적극성, 책임감 등, 목표 이외의 사항도 평가의 대상이 되면, 관리자가 확보한 근거자료만으로는 직원이 평가를 이해할 수 없게 될 염려가 있다.

따라서, 관리자의 주의가 미치지 않는 근거 사실을 직원에게 제시하도록 함으로써 공정한 평가에 근접할 수가 있다.

면접을 위한 자기평가에서 그 근거를 직원에게 준비하도록 하고 설명을 하도록 한다. 그렇게 함으로써 관리자의 주의가 미치지 않는 사실을 발견할 수 있으며, 평가의 이해성도 높아진다. 마찬가지로, 2차 평가자에게도 평가의 근거를 마련하게 함으로써 한층 더 공정한 평가에 이를 수 있게 된다.

단, 현실적으로 2차 평가자는 상당수의 직원을 평가해야 하므로 스스로가 파악한 현저한 사실·근거에 바탕을 두는 것이 현명하다. 어디에서 어디까지라는 것은 현실적이지 못하다.

이상과 같이, 평가에서도 관리자와 직원 양자의 공동작업에 의해 공정한 평가에 이르는 것이 매우 중요한 것이다.

교대근무 직장에서 목표관리를 진행하기 위해서는?

현재 문제점 ···?

교대근무의 직장은, 주야 24시간 쉬지 않고 가동하거나 장시간 연속하여 영업하는 공장·호텔 등에서 볼 수가 있다. 이러한 직장에서 목표관리를 진행하는 것은 매우 번거로운 일이다.

특히, 교대근무의 직장에서는

- 관리자와 직원의 근무시간이 달라 직접 본인에게 지시할 수 없는 때도 있다.
- 전원이 한 번에 모이는 것이 거의 불가능하며, 전원이 참가하는 의사전달 기회를 가질 수가 없다.
- 만나는 구성원이 고정화되면, 공유하는 정보가 편향되어 버린다.
- 일정 시간마다 몇 차례씩 교대하며 같은 업무를 진행한다.

등의 특성이 있다.

이러한 특성에 의해 관리자가 연도목표의 설정 단계에서 목표설정 배경의 설명회를 일시에 실시할 수 없다거나, 또한, 평가에서도 면접이 매우 힘들어지게 되는 것이다. 이러한 상황에서는 어떻게 대처해야 할 것인가.

지도 포인트

1. 교대근무의 직장마다 나누어 관리한다

직원 전원이 일시에 모일 수 없다는 것을 전제로, 교대직장마다 나누어 관리할 수밖에 없다.

아이스하키에 비교하면, 제1세트, 제2세트와 같은 것으로 각 세트의 기능은 변함이 없지만, 구성원에 따라 특징이 있으며, 그 특징을 파악하여 세트마다 관리하게 되는 것이다.

2. 연도업무, 관리의 일정표화

교대근무의 직장에서는 일일근무 등의 근무일정표를 입안하여 치밀한 관리를 하고 있다. 이것을 주, 월, 6개월마다 계획을 세워 진행한다. 공장 등에서는 연간의 업무일정표를 연초에 작성하고 있다.

전자부품제조회사인 B사에서는, 미리 연도의 일정표 안에 전원이 모이는 날을 설정한다거나 계장 이상의 관리직에 대한 모임을 연중의 행사로써 편성하고 있다.

1. 교대근무의 사이 시간에, 연도의 일정표화 하여 면접을 한다

교대근무의 직장에서도 면접은 가능하다. 교대근무 사이 시간에 면접하면 되는 것이다.

예를 들어, 교대하는 시간의 중복을 30분에서 1시간으로 일시적으로 증가시켜 그 시간에 면접을 한다. 또한, 이들의 시간을 연간일정표 안에 미리 정해두면 지장 없이 면접할 수 있다.

앞에서 소개한 부품제조회사에서도 근무교대의 사이 시간에, 일정표화를 바탕으로 면접을 하고 있다. 1인당 면접시간은 대략 30분에서 1시간이라고 한다.

2. 대표자 선발에 의한 목표설정

전원이 목표를 검토하는 것은 현실적으로 불가능하다. 따라서, 계장급 등의 대표자를 모아서 부문의 목표를 효율적으로 검토하는 것이 바람직하다.

공장의 경우 담당자를 생산설비에서 빼내기가 어려우므로 감독자 입장에 있는 계장이 참가하여 부문(부서) 목표를 만들어 가는 것이 현명한 방법이다.

한편, 대표자에 의한 검토는 효율적으로 진행되는 반면, 담당자의 목표설정에 대한 참여의 기회를 빼앗을 수가 있다. 이러한 폐해를 방지하기 위해 계장급에서 미리 직장의 문제점·과제·실천 아이디어를 담당자로부터 수집하여, 공장장 이하에서 부문(부서) 목표를 검토할 때의 의견 사항으로써 활용하고 있는 회사도 있다.

3. 목표설정의 배경을 설명하기 위한 모임을 교대근무 팀마다 실행한다

아무리 바빠도 실시하지 않으면 안 되는 것도 있다. 연도의 조직목표설정 배경을 담당자에게 설명하는 것은, 담당자의 개인목표를 조직목표와 관련지어 설정하도록 하는 데 있어서 불가결한 것이다. 예를 들어, 프린터제조회사인 A사에서는 부문(부서)의 목표설정 배경에 대한 설명회를 교대하는 팀마다 실시하고 있다.

조직의 인원 구성이 불균형한 경우 목표관리의 진행은?

현재 문제점 ⋯⋯⋯⋯⋯⋯⋯⋯⋯⋯⋯⋯⋯⋯⋯⋯⋯⋯⋯⋯⋯⋯⋯⋯⋯⋯?

이상적인 직장은 중간관리자와 일반사원이 균등하게 배분되어 구성된 직장이다. 하지만 그 반대로 되어있는 것이 현실이다.

- 입사 5년 차 사원이 80%를 차지한다.
- 앞으로 3년 이내에 퇴직할 사람이 3할을 차지한다.
- 연령구성은 균형을 이루고 있지만, 경험 연수가 3년 이하인 사람이 6할을 차지하고 있다.

등 다양한 문제를 내포하고 있는 직장이 있다.

이처럼 인원 구성이 불균형한 직장에서는 어떻게 목표관리를 진행해야 할 것인가?

지도 포인트 ⋯⋯⋯⋯⋯⋯⋯⋯⋯⋯⋯⋯⋯⋯⋯⋯⋯⋯⋯⋯⋯⋯⋯⋯⋯⋯⋯⋯

1. 목표·업무와 사람의 조합으로 패턴화하여 비교한다

직장 구성원의 산만함으로 인해 관리자가 고민하는 것은 '누구에게 어떤 업무를, 누구에게 어떤 목표를 배분해야 할 것인가?'이다. 이럴 때, 몇 가지 조합을 생각하여, 비교·검증하는 것이 현명한 방법이다.

그 경우, 관리자가 판단하는 근거는 '누구에게 어떤 업무·목표를 맡기는 것이 효과적인가?, 효율적인가?'라는 생산성의 원리이다.

또 하나는, '어떤 업무·목표를 통하여, 누구에게 어떠한 능력을 습득시킬 것인가? 누구를 먼저 육성할 것인가?'라는 육성의 원리이다. 양자는 상관관계에 있는데, 쌍방의 관점에서 구성원의 산만함을 파악하여 타협해 간다.

실천 포인트 ♣

1. 구성원의 핵심적인 특성을 파악하여 관리구상을 결정한다

나이, 취미, 과거의 경력, 능력의 장점·단점 등, 구성원의 특성을 가능한 한 파악하고, 그에 대응하여 경영할 수 있다면 매우 바람직할 것이다. 2~3명의 직원이라면 가능하겠지만, 많은 양의 정보로 인해, 아마도 관리자는 판단에 혼란이 생길 것이다.

따라서, 구성원의 중요한 영역만을 선정하여, 어떠한 방식으로 경영을 전개할 것인가를 결정한다. 이것이 바로 경영구상이다. 특히, 강조하고 싶은 것은 '경력연수', '업무의 생산성(성숙도)' 등의 영역이다.

다음의 그림은 어느 소비재제조회사의 영업소장이 영업담당자의 육성방침을 중심으로 실천 연구적으로 분석한 것이다.

분석의 대상으로 한 것은 「경력연수」, 「업무성숙도」, 「목표달성현황」이다. 그중 두 가지 사항에 대하여는 정량적인 분석이 가능하였지만, 성숙도에 대하여는 관리자의 요구수준을 바탕으로 판정하였다.

이 분석을 바탕으로 '관리자로서의 육성 중점'을 정하도록 한 후에, 단골거래처, 타업무의 배분, 목표 후보의 검토를 진행하였다.

육성방침 설정 표

•각 사업소, 각 부문(부서)의 방침은 물론, 직장의 특징도 고려하면서 설정하기 바랍니다.

직장의 특징 (영업담당자)		
경력연수	업무성숙도	달성실적

본부	모든 면에서 4강 1약 / 제안능력이 목표달성의 포인트 / 올해 핵심인물이 빠졌다.
현장	신규사원 및 만1년생이 10인중 7인으로 과다하다. / 사무소가 두 군데로 나누어져 있어, 정보교환을 충분히 할 수 없으며, 피부로 느끼는 것이 부족하다.

⇩

육성방침	
본부담당	·새로운 핵심인물의 육성 ·한가지를 집중시켜 성공사례를 만들고, 자신감을 갖게한다. ·제안기획의 스터디모임을 본사 참모를 교대하여 실시한다.
현장담당	·신규사원에게는 상품지식, 각 체인점의 시스템을 교육한다(긴급). ·신입 만1년생에게 영향력을 발휘하는 핵심인물의 육성, 명시 ·판매회의의 교대실시

2. 판단의 정석을 이해한다

목표관리를 진행할 시에, 전형적으로 채용되는 경영원칙으로서 중간사원·신입을 중심으로 판단하는 정석이다. 참고로 하기 바란다.

☑ 중견 사원급이 많은 직장에서는 '위임하는 경영'을 중심으로 한다

전체적으로 중간사원의 구성비가 높은 직장에서는 중간사원이 젊은 중간사원과 관리자 사이에 끼어서, 자기의 역할을 상실한다거나, 직원이 없어 고민하는 때도 적지 않다. 따라서, 중간사원을 활용하기 위해서는 특히, 목표설정 단계에서의 직장의 문제해결 회의 등의 정리를 위임한다.

중간사원을 활용하고 있는 직장에서는 '과장 보좌역' 등의 역할을 맡겨「관리자의 ○○업무에 대한 대행이 가능해지도록 한다」라는 목표를 설정하고 있다.

또한, 어느 제조현장에서는 통상의 제조라인과는 별도의 라인을 설치하고 있다. 중간사원의 담당자가 오토바이를 조립, 검사, 완성까지 일련의 제조과정을 담당하고, 신입 담당자에게 제품제작에 대하여 상세히 가르치고 지도하는 곳도 있다. 이러한 과정을 통해서 차세대의 제조라인을 담당할 후계자를 육성하는 것이다.

당연히 중간사원의 담당자는「후계자 육성, A사원이 오토바이를 ○○부품의 조립에서부터 제품의 검사·출하까지 일련의 업무 흐름을 스스로 파악할 수 있게 한다」라는 목표를 설정하고 있다.

✓ 연장자의 직원에게도 위임하는 지도로 대응한다

성과주의 인사는 관리자와 직원의 직위 역전, 나이의 역전을 발생시키고 있다. 즉, 관리자가 연상의 직원을 거느리게 되는 것이다. '사람과 업무를 분리할 수가 없다. 전에 상사였던 사람을 지도한다는 것은 당치도 않다. 나는 지도를 할 수 없다.'라고 고민하는 관리자가 증가하고 있다. 이러한 경우도 상기와 마찬가지로 위임하는 지도를 중심으로 진행하는 것이 바람직하다.

✓ 초급사원 중심의 직장에서는 「육성형의 목표설정」을 중심으로 한다

한편, 전체에서 신입·초급사원의 구성비가 높은 직장에서는 초기육성이 중요과제가 된다. 따라서, 설정할 목표에 「직원 지도·육성 목표」를 포함하는 것이 바람직할 것이다. 예를 들어, 공통으로 습득해야 할 목표로서 '전문기술의 향상', 영업부문의 경우는 '제안능력의 향상', '정치의식의 향상' 등을 생각할 수가 있다.

✓ 달성관리는 중간사원 및 신입·초급사원의 특성에 따라 지도한다

달성관리에서도 중간사원과 신입·초급사원을 획일적으로 다루어 지도하는 것은 현명하지 못하다. 중간사원은 가능한 자주관리형으로 본인이 지도를 요청해 온 단계에서 지원한다. 한편, 신입·초급사원에 대하여는 가능한 접촉빈도를 많이 하여 육성지도형으로 진행한다. 예를 들어, 월 1회는 반드시 모임이나 면접을 통하여 지도하는 것이다.

☑ 중간사원 중심의 직장은 노하우의 축적 공유화, 신입·초급사원 중심의
   직장은 육성과제의 명확화에 역점을 둔다

평가에서도 직장의 특성에 따라 임하는 것이 바람직하다. 중간사원 중심
의 직장은 중간사원이 배양해 온 다양한 노하우(업무의 처리방법, 진행방법 등)
를 기준서로 정리하여 조직적으로 축적한다.

한편, 신입·초급사원 중심의 직장은 차기를 위하여 업무능력과제를 명확
히 하고, 육성을 위한 환경을 정비한다.

신설부문에서 목표관리를 전개하기 위한 핵심은?

....?

새롭게 신설된 부문은 업무의 진행방식조차 모른다. 어떠한 의도를 가지고 설립되었지만, 지금부터 실적을 만들어 가는 부문이며, 전년의 비교실적이 없다. 따라서, 과거의 실적과 비교할 수 없다는 것에 특징이 있다.

또한, 목표·계획의 예측수립이 어려우며, 실제로 일을 해보지 않으면 알 수 없는 부분이 많다. 예측이 어려우면 목표설정 기준 어려워진다. 신설부문의 목표는 어떻게 설정해야 할 것인가?

지도 포인트 ....✍

1. 실적기반이 아닌, 이상에 따라 목표를 세운다

기존의 부문(부서)이 통합하여 만들어진 부문 등이 아닌, 본래의 신설부문은 '실적이 없으므로 전년도를 기반으로 하는 목표를 수립할 수가 없다.'라는 특징이 있다. 그러므로 신설된 목적 즉, 그 조직의 이상이 되는 사명, 역할을 근거로 목표를 설정하는 것이다.

2. 목표를 달성하는 것, 업무를 진행하는 것 자체가 목표가 된다

신설부문은 실적이 없으므로 무엇을 하여도 '제1호', '신규'가 된다. 실적을 쌓고, 기록을 남겨 가는 것이 중요하며, 그것들을 되돌아봄으로써 이상적인 목표의 업무·기능을 만들어 갈 수가 있다. 경리부문과 같이, 미리 절차가 정해진 순서대로 진행하는 정형 업무를 빼면, 업무의 표준화, 매뉴얼화, 매뉴얼의 작성 등은 목표로서 설정할 수 있을 것이다.

3. 예측이 어려운 경우에는 목표·업무의 변동을 전제로 한 태세를 정립한다

「○○지점개설 준비실」 등, 특정의 프로젝트로 목표가 명확해지는 조직은 목표관리를 진행하기가 쉽다. 그러나, 해보지 않으면 알 수 없는 업무를 포함하고 있는 경우에는, 목표·업무가 당초에 정했던 대로 진행되지 않기 때문에 시행착오를 반복하게 된다.

따라서, 목표·업무가 변동하는 것을 전제로 한 태세의 정립이 중요하게 된다. 구체적으로는 '목표·업무분담의 재편성', '빈번한 달성관리', '초기에 목표를 유연하게 설정하고, 도중에 목표를 명확히 한다.' 등의 고안이 필요하게 된다.

1. 조직부문 설치 의도를 확인하고, 「역할, 공헌내용, 공헌대상」을 명확히 한다

신설된 부문이 '왜 설립되었는가? 그 목적은 무엇인가?'를 확인해 두는 것이다. 이미 신설부문에 배속된 관리자에게는 취지설명이 있었을 것이다. 신설부문을 통괄하는 경영 간부로부터 "실은, 이 부문은 우리 회사가 이러한 환경변화에 적응하기 위하여 ○○을 목적으로 설립되었다. 또한, 이 부문은……"라고 전달받으면 신설부문의 역할이나 회사에의 공헌내용, 공헌대상을 명확히 할 수가 있다. 대부분의 경우, 설립의 목적이 그 부문의 목표가 되기 때문이다.

어느 기업이 ISO 추진실을 설립하였다. 최고경영자의 설치 의도는 '유럽에의 수출경쟁력 강화를 도모하기 위하여 ISO 인증을 취득한다.'라는 것이었다. 곧바로 추진실장은 부문의 역할을 '관계부문(공헌대상)에 대하여 ISO 취득을 위하여 최대한 지원한다.'라고 하였다고 한다.

2. 현실의 목표설정은 상위부문의 요구, 부문의 역할을 바탕으로 설정한다

신설부문의 목표는 통상의 조직과 마찬가지로 상위부문으로부터의 요구(상위목표) 및 부문의 역할을 바탕으로 설정하는 것이 바람직하다.

위의 예에서 상위부문의 요구가 '인증취득을 위한 환경 정비'였다면, 그에 상응하는 훈련의 시행 등이 그 연도의 목표가 된다.

3. 신설부문의 설립취지, 전망, 경영방침을 전달한다

직원의 입장에서 보면, 새롭게 신설된 부문에서 일한다는 것이 매우 보람이 있는 동시에 불안도 따라 다닌다. 관리자도 마찬가지이다. 그러나, 적어도 직장을 책임지는 리더는, 직원에게 '새로운 부문이 왜 설립되었는가? 앞으로 어떠한 역할을 담당해 갈 것인가?' 등 전망을 제시하지 않으면 안 된다. 또한, 관리자로서 어떠한 경영방식으로 임할 것인가 하는 관리자로서의 소신 표명을 하고, 직원의 불안감 해소, 동기부여에 노력하기 바란다.

4. 표준화 목표를 설정한다

「업무의 효율화, 매뉴얼화」 등의 목표를 설정하여 1년간의 실적을 그대로 반영해 가도록 한다. 매뉴얼화 할 경우, 특히 중요한 것은, 목표달성 기간 도중에 실시한 사항을 가능한 기록으로 남겨두는 것이다. 이것이 업무 표준화의 재료가 되기 때문이다.

정리방법은 개개인의 취향에 따라 진행하면 된다. 다만, 최소한 아래의 항목은 기록하여 매뉴얼에 정리될 수 있도록 한다.

주요항목으로는 "절차, 목적, 실시 담당(분담), 실시상의 유의점, 실시의 타이밍, 시기, 걸리는 시간, 참고자료, 기재요령" 등이 있다. 또한, 실시과정에 있어서 정리된 자료 등도 보존해 두는 것이 좋다. "모범적인 기재의 예, 안 좋은 기재의 예"의 후보가 된다. 보존할 기재의 예를 미리 정해두면 정리가 쉽다.

다음 연도에도 같은 업무의 표준화를 목표로 설정한다. 최초로 작성한 매뉴얼을 재평가함으로써 업무 수준을 높일 수 있다.

5. 달성관리를 자주 한다

목표, 업무가 변동하고, 전망이 불투명하여, 해보지 않으면 알 수가 없으므로, 관리자는 자연적으로 매일매일의 궤도수정을 하는 일이 많아진다.

「목표관리는 자기통제」라는 목표관리의 이념은 신설부문에서는 거의 통용되지 않는다. '반년에 한번, 직원과 면접하여 기간에 본인에게 맡겨두는' 것은 예측이 가능한 사업, 업무, 부문에서 가능한 것이다. 변동에 대처하기 위하여, 매주, 매월 수시로 회의를 열어, 목표·업무가 지연되면 회복을 위한 지시·조언, 원조를 철저히 실행하는 것이 필요하다.

6. 달성기한이 있는 목표에 주의하여 먼저 한다

신설부문은 그 나름대로 목적을 가지고 설립된 만큼, 특명에 기한이 정해져 있는 때도 있다. '새로운 회사설립을 위한 준비실」은 그 전형이다. 「××년 4월 1일에 영업개시」가 목표가 되면, 역산하여 등기의 시기 등을 확정하고, 차질이 발생하지 않도록 목표·업무의 최우선 순위를 정하여 진행한다.

지은이 | 카나쯔 켄지

1954년생으로 1976년 일본 게이요 가쥬쿠대학 법학부 법률학과를 졸업하였다. 일본 능률협회컨설팅을 거쳐, 산업능률대학 주임연구원으로, 목표관리의 도입과 정착화, 전략행동화의 연수·지도 등의 활동을 하고 있다. 저서로는 『교육체계설계 매뉴얼』 『화이트칼라의 업무혁신』 『목표관리 성공의 비결』 『목표관리의 면접기술』 『목표관리의 안내』 등이 있다.

옮긴이 | 성진중

경희대학교 일어일문학과를 졸업하고, 일본 카나자와대학 법학부에서 전공생 및 동 대학원에서 법률학을 전공하였다. 독립기념관 역사자료 번역팀장으로 활동하였으며, 조원교역(주)에서 근무하였다.

지은이 ㅣ 카나쯔 켄지
일본 게이요 가쥬쿠대학 법학부 법률학과를 졸업하였다. 일본 능률협회컨설팅을 거쳐, 일
본산업능률대학 주임연구원으로, 목표관리의 도입과 정착화, 전략 실행화의 연수·지도
등의 활동을 하고 있다. 저서로는『교육체계설계 매뉴얼』『화이트칼라의 업무혁신』『목
표관리 성공의 비결』『목표관리의 면접기술』『목표관리의 안내』등이 있다.

지은이·옮긴이 ㅣ 코페경영연구소
중소기업의 성장전략과 경영관리 등을 연구·교육·컨설팅하는 중소기업 전문 연구소이
다. 저서·역서·감수서로는『기획서 제안서 작성매뉴얼』,『판매계획서 작성매뉴얼』,『동
기부여 리더십』,『보고서 리포트 작성기술』,『매출 10억대 회사를 100억원으로 만드는
방법』,『재무코칭』,『주식매도방법』,『시황별 주식투자방법』등 다수가 있다.

목표달성을 위한 **목표관리실무**

2021년 4월 20일 개정판 발행

지은이 　카나쯔 켄지, 코페경영연구소
옮긴이 　코페경영연구소

발행인 　강석원
발행처 　한국재정경제연구소 《코페하우스》
출판등록 　제2-584호(1988.6.1)

주소 　서울특별시 강남구 테헤란로 406, A-1303
전화 　(02) 562-4355
팩스 　(02) 552-2210
전자우편 　kofe@kofe.kr
웹사이트 　kofe.kr

ISBN 　978-89-93835-63-2 (13320)

값 　16,000원